Gregor Geißmann • Michael Feuser

Ein spirituelles Willkommen:

Und wohin mit dem Schmerz, Bruder?

AF220257

Ein spirituelles Willkommen

Und wohin mit dem Schmerz, Bruder?

Gregor Geißmann • Michael Feuser

Bibliografische Information der Deutschen
Nationalbibliothek:
Die Deutsche Nationalbibliothek verzeichnet diese
Publikation in der Deutschen Nationalbibliografie;
detaillierte bibliografische Daten sind im Internet über
dnb.dnb.de abrufbar.

1. Auflage 2022
© 2022 Gregor Geißmann und Michael Feuser

Herstellung und Verlag:
BoD – Books on Demand, Norderstedt

Umschlagmotiv: »Die Sonne behütet die Blüte«,
Wet-on-Wet Watercolour,
Cäcilie Müller, Ahrensburg 2018

Gesetzt in EB Garamond, © 2017 The EB Garamond
Project Authors, licensed under the SIL Open Font
License, Version 1.1.

ISBN: 978-3-7562-0410-6

Der Weg nach innen geht mitten durch die Welt

Inhaltsübersicht

Ein spirituelles Willkommen

Was passiert, wenn zwei Weggefährten auf ihrer spirituellen Reise gemeinsam zwei Bücher geschrieben haben und ihnen plötzlich zu verschiedenen Anlässen das Stichwort »Schmerz« begegnet? Was für eine Frage: Sie greifen in einer inzwischen lieb gewordenen Gewohnheit erneut zur Schreibfeder!

Spätestens ab dem dritten Buch aber ist der Gedanke naheliegend: *»Ein spirituelles Willkommen«* ist der Titel einer Reihe. Das spricht im Unterton natürlich auch dafür, dass es möglicherweise weitere Bücher in dieser Reihe geben könnte. Aber wofür steht sie? Und wofür steht sie nicht?

Die zweite Frage ist – zumindest auf den ersten Blick – leichter zu beantworten: Michael und ich – das schon einmal zuallererst – sind nicht darauf aus, Ratgeber der Art »Wie werde ich meine Ängste los« oder »Glücklich in 30 Tagen« zu schreiben. Wir sind auch keine Therapeuten und werden daher keine Maßnahmen vorschlagen oder anregen, die im Einzelfall »medizinisch« als notwendig oder hilfreich anzusehen sind: Heilung im *landläufigen Sinne* ist das Metier anderer, und die entsprechenden Hilfestellungen sind in großer Vielfalt zu finden.

Unser Anliegen ist vielmehr, dich zu einer »anderen« Sichtweise auf die Welt und auf deine Rolle in dieser Welt einzuladen, um dir gerade angesichts ständig neuer »Herausforderungen«, die »das Leben« in vielfältigsten Formen und Intensitäten bietet, die Macht der eigenverantwortlichen Entscheidung zurückzugeben. Wir verwenden dazu dort, wo es hilfreich sein könnte oder erforderlich erscheint, einen bestimmten spirituellen Hintergrund oder Rahmen. Betrachte diesen Rahmen als Orientierungshilfe, als »Werkzeug« oder mögliche »Leitplanke«: Er ist Angebot und Gelegenheit, die Dinge auch konzeptionell in einem anderen Licht zu sehen.

Da für uns seit Jahren das spirituelle Werk »Ein Kurs in Wundern« Resonanz erzeugt, nutzen wir es als Anhalt für unseren Rahmen. Unsere Bücher richten sich jedoch ausdrücklich nicht speziell an Anhänger von *»Ein Kurs in Wundern«*. Daher setzen wir keine Kenntnisse über dieses Werk voraus. Nach der Auffassung, die wir hier vertreten, gibt es keine universelle Theorie oder Theologie, um Gott und die Welt zu erklären, nur eine universelle Erfahrung, unabhängig von jeder Theorie. Wir gehen davon aus, dass sich eine »andere Sichtweise« nicht durch Konzepte und Erklärungen erschließt. Daher laden wir dich ein, uns nicht nur auf der Basis von Worten zu folgen, sondern vielmehr unsere angebotenen Vorschläge, die »andere Sichtweise« zu erfahren, auszuprobieren und auf »Resonanz« zu prüfen.

*

»Schmerz« *könnte* man durchaus als eine andere Form von Angst betrachten. Von daher wäre es naheliegend, die »andere Sichtweise« auf die Angst, die wir bereits in unserem vorherigen Buch dargestellt haben, mit ein paar Anpassungen auch auf den Schmerz anzuwenden. Da der Zugang zur universellen Erfahrung jedoch individuell zu sein scheint, widerspräche das dem »Angebotscharakter« unserer Bücher: Innerhalb einer von uns als hilfreich angesehenen »Bandbreite« möchten wir dir die Gelegenheit geben,

11

deinen eigenen Zugang in Bezug auf die aus-
gewählten Themenbereiche zu finden.

An dieser Stelle wollen wir kurz noch einmal
zusammenfassend die Eckpfeiler des verwendeten
Rahmenkonzepts darstellen, um uns später
darauf beziehen zu können. Solltest du das
Rahmenkonzept aus dem Buch über die Angst
bereits kennen, kannst du dieses Kapitel getrost
überspringen: Der Rahmen ist nahezu derselbe.

Lass es uns so sagen: Er ist unser »spirituelles
Willkommen« an dich. Möge der dann folgende
Inhalt diesem Rahmen gerecht werden.

Das Rahmenkonzept

Stell dir vor, deine unerschütterlichen Vorstellungen über Leben und Sterben, Geburt und Tod, Anfänge und Enden, Zeit und Ewigkeit, Du und Ich, Krieg und Frieden basierten auf einem klitzekleinen Irrtum.

Stell dir vor, die WIRKLICHKEIT hätte kein Gegenteil und Schmerz sei daher »nur« eine Form von falsch verstandener Identität.

Stell dir vor, Schuld wäre nur eine lächerliche Überzeugung und jedes Lebewesen sei unschuldig. Du natürlich eingeschlossen.

Stell dir vor, alle deine Versuche, in dieser Welt glücklich zu *werden*, sind vergleichbar mit dem Versuch der Welle, das Meer zu finden oder mit dem Versuch der Filmfigur, den Schauspieler zu entdecken.

Wäre nur eine dieser »Vorstellungen« kein Phantasiegebilde, sondern wahr, hätten wir eine ausgezeichnete Idee. Stelle dir bitte diese einfache

Frage: »Wenn ich Schmerz empfinde, wäre es dann nicht einen Versuch wert, meine Sichtweise zu ändern?«

Es gibt wohl zwei grundlegend verschiedene Vorgehensweisen, die Sichtweise und damit das Erleben der Welt zu ändern: Die erste besteht darin, die Natur des Geistes zu *verstehen*. Sie bedient sich des Denkens, des Glaubens und des Lernens. Konzepte spielen dabei als Bezugsrahmen eine mitunter bedeutende Rolle (»Konzeptweg«). Bei der zweiten handelt es sich um die Hinwendung zur direkten Erfahrung, was hier und jetzt »wirklich« da ist – jenseits des Verstandes und seiner Überzeugungen (»Erfahrungsweg«).

Beide Vorgehensweisen haben für sich betrachtet Grenzen. Es kann beispielsweise passieren, dass Konzepte ein Eigenleben entwickeln und das Bemerken nützlicher »Wegweiser« verhindern, die über das Konzept hinausreichen. Konzepte an sich sind jedoch keine unmittelbaren Erfahrungen und führen daher nicht zu notwendigen Transformationen.

Tiefgreifende »positive« Erfahrungen ohne »Unterbau« wiederum können zu einer Sackgasse werden, da sie den brennenden Wunsch hervorrufen, sie zu wiederholen oder permanent zu machen. Da es keine »Leitplanke« und keinen Wegweiser gibt, kann dieser Wunsch dich aufhalten: Du merkst nicht, wenn dein eingeschlagener Weg ein Holzweg ist.

Wir sprachen oben von »Transformation« und bezeichnen damit einen andauernden Wechsel in der Wahrnehmung und im Erleben, der weit über spezifische positive oder gar spirituelle Erfahrungen hinausgeht. Die Welt verändert sich dabei nicht. Aber es ist alles anders geworden!

Wir bevorzugen einen Mittelweg aus Rahmenkonzept und »Techniken«, die Erfahrungen ermöglichen. Das scheint nach bisherigen Erkenntnissen das effizienteste und zielführendste Vorgehen zu sein. Damit entgehst du einerseits den Fallen des Konzeptweges als auch den Defiziten des Erfahrungsweges. Der konzeptionelle Rahmen soll uns als Leitplanke dienen, als Gehhilfe, ohne zu vergessen, dass wir sie eines schönen Tages weglegen müssen. Denn es gibt kein »universelles« oder »wahres« Konzept, aber eine universelle Erfahrung. Wenn es aber um Erfahrung geht, bedarf es der Praxis.

Könntest du das Lesen kurz unterbrechen und dir eine Minute Zeit nehmen, um einen Blick auf die Dinge zu werfen, die dich umgeben? Vielleicht ist da ein Bild an der Wand. Oder da ist eine Blume. Oder siehst du eine Uhr? Neben diesen Bildern hörst du möglicherweise auch Geräusche. Musik? Oder es ist so still, dass du deinen eigenen Atem hörst?

Kannst du mir zustimmen, dass du verschiedene »Dinge« wahrnimmst, seien es Bilder, seien es Geräusche? Gerade bei den Geräuschen: Verändern sie sich oder kommen und gehen sie? Könnte man sagen: Du nimmst Veränderungen wahr, Anfänge und Enden, genau abgegrenzte »Dinge«, die sich unterscheiden? Und stimmst du mir auch zu, wenn ich sage, dass du jedes der gesehenen »Bilder« und jedes »Geräusch« identifizieren, mit einem Namen benennen oder mit einer Bedeutung belegen kannst? Dann sind wir jetzt an der Stelle, an die ich gemeinsam mit dir gehen wollte.

Es ging mir um die bewusste Hinwendung deiner Aufmerksamkeit auf einen klitzekleinen Ausschnitt deiner Welt. Dieser Ausschnitt genügt, denn nichts in deiner Welt ist von anderer »Qualität«: Sie beruht auf Deutungen, nicht auf Tatsachen. Alles in dieser Welt ist erlernt. Alle deine Deutungen sind das Ergebnis gewaltiger, unglaublicher und äußerst hartnäckiger Lernanstrengungen. Die wurden unermüdlich so lange wiederholt und mit immer neuen Gesichtspunkten auf sich genommen, bis sie das Offensichtliche wirkungsvoll verschleierten.

Das Resultat des Lernens ist Wahrnehmung. Ich nehme »wahr«. Nun ja, nicht ganz. Denn die »Wahr-Nehmung« ist nicht nur das Resultat des Lernens, sondern das Lernen selbst. Ursache und Wirkung sind niemals getrennt – außer durch Zeit. Also durch eine Riesenillusion, einen Taschenspielertrick, wie die Zeit in »*Ein Kurs in Wundern*« auch genannt wird.

Erinnere dich: Die Kernaussage lautete, dass durch unser intensives Lernen »das Offensichtliche verschleiert« wird. Was ist offensichtlich? Die Wirklichkeit. Oder schreiben wir es in KAPITÄLCHEN: die WIRKLICHKEIT. Damit drücken wir aus, dass sie kein Gegenteil haben kann, denn sonst gäbe es ganz real »Etwas«, das unwirklich wäre – ein Widerspruch in sich. Die WIRKLICH-KEIT kann daher nur unveränderlich, ewig und unzweideutig sein. »Unzweideutig« heißt, sie unterliegt keiner Deutung. Sie ist offensichtlich. Sie kann unerkannt sein, aber sie kann nicht verändert werden.

Aus den erlernten Wahrnehmungen entsteht ein komplettes, in sich geschlossenes, plausibles und folgerichtiges Denksystem: Zweifellos glaubst du an die Welt der Dinge, ihre Gesetze und ihre Einflüsse auf dich. Du lebst ja hier – sagst du. Aber das ist der Punkt: Alles das, was du als »Welt« bezeichnest und erlebst, hast du mit enormem Aufwand erlernt. Natürlich bist nicht »du« gemeint, dein Selbstkonzept, mit dem du dich identifizierst. Denn das bist du nicht. Es ist nur ein Konzept, ein gedankliches Konstrukt, eine Illusion – und nicht die WIRKLICHKEIT.

Welche Rolle spielt eigentlich Gott in diesem »Rahmenkonzept«? Schließlich wohnen wir im christlichen Abendland (die Autoren zumindest).

Als Schöpfer der Welt spielt er keine Rolle. Weil eine Welt der Zeit, des Raumes, der Gegensätze, der Anfänge und der Enden, des Wechsels und der Veränderung keine QUELLE haben kann, die einfach existent, unveränderlich und ohne Gegenteil ist und in der weder Anfänge noch Enden möglich sind. Die angesprochene Lernfähigkeit ist daher auch keine Eigenschaft der WIRKLICH-KEIT oder der QUELLE. Die QUELLE ist. SIE erkennt und nimmt nicht wahr. Erkenntnis braucht weder Wahrnehmung noch Bewusstsein. Wahrnehmung verhindert Erkenntnis.

Um es vorwegzunehmen: Es geht hier nicht um die Notwendigkeit, an Gott zu glauben. Ein Konzept, das Glauben postuliert, macht Unglauben möglich. Gott kann nur erkannt werden. Daher verwenden wir nun auch für GOTT Kapitälchen, um klarzumachen, dass wir nicht den traditionellen christlichen Gott meinen. Auch GOTT hat kein Gegenteil, daher gibt es keine wirkliche Alternative zur Erkenntnis. Damit ist nicht gemeint, dass du den Glauben an Gott als sinnfrei verwerfen sollst – im Gegenteil. Es heißt nur, dass der Glaube als Konzept einer unabdingbaren

Notwendigkeit nicht sinnvoll ist. GOTT ist, Worte können das nicht erfassen.

Bisher fehlt in unserem Rahmenkonzept noch ein klitzekleines, aber wesentliches Detail: die SCHÖPFUNG. Dieser Begriff, dieses Symbol, ist in unserem Konzept ein »Pointer«, ein Hinweis, auf das »Wahre ohne Gegenteil«. Fangen wir mal vorsichtig an: Mit der EINEN SCHÖPFUNG bist du als Leser und sind wir als Autoren sowie die paar Milliarden anderen Mitglieder der Gattung Homo sapiens gemeint. Aber das ist noch nicht einmal die Spitze des Eisbergs. Hinzu kommen alle anderen Lebewesen, die nicht in den paar aufgezählten Milliarden enthalten sind. Nun wird's etwas schwindelerregender: Wir meinen auch alle Lebewesen, die bereits gelebt haben und die noch »kommen werden«. Und nicht vergessen: Das Universum besteht nicht nur aus einer einsamen blaugrünen Kugel irgendwo in einem vergessenen Seitenarm der Milchstraße ...

Vorsicht: Das ist »nur« die »weltliche« Interpretation dessen, was wir als SCHÖPFUNG bezeichnen, um es »anfassbar« zu machen! Die EINE SCHÖPFUNG hat nicht wirklich etwas mit den getrennten Figuren zu tun, die du irrtümlich als eigenständige Lebewesen wahrnimmst.

Um es kurz und schmerzlos zu machen: Als die EINE SCHÖPFUNG bezeichnen wir das, was auf die QUELLE, das ABSOLUTE, das EINE, GOTT zurückgeführt werden kann. Sie ist die »innere Ausdehnung« der QUELLE. Sie ist die *einzige* Wirkung der QUELLE. Die SCHÖPFUNG ist nicht getrennt von der QUELLE, es gibt keine irgendwie geartete Grenze, wo die QUELLE aufhört und die SCHÖPFUNG beginnt. Man könnte auch vom »Geist an sich« oder neudeutsch vom »*Spirit*« sprechen.

Es gibt nie auch nur einen Zeitpunkt, an dem die SCHÖPFUNG nicht existiert, weder in Vergangenheit, Gegenwart noch Zukunft. Und auch darüber hinaus existiert sie, denn die Zeit ist nicht ewig: Sie wird verschwinden. Daher hat die SCHÖPFUNG alle Eigenschaften der QUELLE, ist also ihrerseits schöpferisch – aber sie ist nicht die QUELLE. Banal ausgedrückt: Egal, wie »erleuchtet« oder »verwirklicht« ich sein mag – ich bin nicht Gott! Und du leider auch nicht.

Ist dir das viel zu kompliziert? Bitte vergiss nicht: Komplexität kommt nicht von der QUELLE und ist keine Eigenschaft der SCHÖPFUNG. Wir bauen hier lediglich ein Rahmenkonzept als »Leitplanke« auf, da die universelle Einfachheit unverständlich und daher inakzeptabel ist. Alle diese Begriffe sind Symbole, Hinweise oder »Pointer« auf die WIRKLICHKEIT – die sich sämtlichen Begriffen, Gedanken, Gefühlen oder Bildern entzieht. Kein Wort kann GOTT, das EINE oder die WIRKLICHKEIT beschreiben. GOTT hat keinen Namen. Die einzig sinnvolle Frage lautet daher auch hier: Sind diese Worte, Symbole oder Namen hilfreich?

Welche Rolle spielt denn die Welt in diesem ganzen Zauber? In der einen WIRKLICHKEIT ohne Gegenteil taucht eine winzige verrückte Idee[1] auf, so lächerlich und wahnhaft, dass es nur eine sinnvolle Reaktion auf diese Idee geben kann: herzhaft zu lachen. Du sagst, Gedanken an Unvollkommenheit, Trennung oder Dualität können in einer vollkommenen und allumfassenden Einheit, die kein Gegenteil haben kann,

---

[1] *Vgl. Kurs 2019, Textbuch, Kapitel 27, Abschnitt VIII, Absatz 6*

doch gar nicht vorkommen? Da in ihr keine Gegensätze möglich sind? Da liegst du goldrichtig. Die WIRKLICHKEIT kann tatsächlich kein Gegenteil haben, da sind wir uns einig! Denn ein Gegenteil der WIRKLICHKEIT wäre – unwirklich, also nicht existent. Daher kann es auch keine Wahnidee in der allumfassenden EINHEIT geben. Das bedeutet gleichfalls, dass es weder Zeit in der Ewigkeit noch Raum in der Unendlichkeit geben kann. Es ist in der Tat merkwürdig, dass ganz offensichtlich eine unwirkliche Welt der Illusionen und Träume gemacht werden kann – obwohl der Wille, der aus der EINHEIT kommt und nur EINHEIT wollen kann, unmöglich eine Welt »wollen« kann, die in allen Merkmalen der EINHEIT widerspricht.

Kommen wir also einfach wieder zurück zu den »Tatsachen« und stellen nach diesem geistigen Höhenflug beide Beine zurück auf den Boden. Hier kommt nun die bereits erwähnte Lernfähigkeit ins Spiel. Sie ist ein unabdingbarer Baustein der winzigen verrückten Idee, die wir mal hilfsweise so formulieren: »Was ist das Gegenteil dessen, das alles umschließt?« Wird diese Frage (Idee) ernsthaft erwogen und nicht auf Grund ihrer augenscheinlichen Absurdität mit schallendem Gelächter sofort verworfen, gibt es tatsächlich eine Möglichkeit, die »Antwort« zu finden – indem die Konsequenzen erlernt werden. So wird aus einem lächerlichen Gedanken eine umsetzungsfähige ernsthafte Idee mit »realen« Wirkungen.

Oder wir formulieren es »urknallmäßig«: Wir sind eins mit beständiger, allumfassender, unveränderlicher, zeitloser, glückseliger, freudiger LIEBE und ...

Bumm!

... da ist die Erfahrung des »Gegenteils«: die scheinbare Trennung von der WIRKLICHKEIT, von der LIEBE, von der QUELLE, von GOTT, das Gewahrsein erfüllt von Angst – getrennt, allein, verlassen, ängstlich, ungeliebt zu sein. Und weil wir denken, wir hätten das ganze Desaster tatsächlich verursacht, sind wir von Schuldgefühlen geplagt, dass wir unser Leben durch »unseren Fehler« für alle Ewigkeit ruiniert haben.

Der ganze (scheinbare) Schlamassel kommt nur durch die erste Entscheidung, wahrzunehmen statt zu erkennen. Damit ist die »Erfindung« des

Bewusstseins gemeint. Denn in der WIRKLICH-KEIT gibt es kein Bewusstsein, da es für die Erkenntnis nicht erforderlich ist. Wir können statt vom Bewusstsein auch von der Entscheidung zu lernen sprechen, d.h. von der Erfindung der Lernfähigkeit – was dasselbe ist.

Dieser »Vorgang« führte zu einer scheinbaren »inneren« Spaltung des Geistes (dem »aktiven« Aspekt der EINEN SCHÖPFUNG) in den Teil, der nach wie vor die WIRKLICHKEIT repräsentiert, und in den Teil, der die Trennung, die Möglichkeit von Gegensätzen, Anfängen und Enden, Subjekt und Objekt, Wahrnehmendem und Wahrgenommenem, Leben und Tod, Liebe und Angst repräsentiert. Letzteren Teil nennen wir das Ego-Denksystem oder kurz: das Ego – nicht zu verwechseln mit dem herkömmlichen Ego-Begriff, der sich ausschließlich auf die individuelle Person bezieht.

Schau dich doch mal um und staune über das scheinbare Ergebnis deiner Lernfähigkeit. Du nimmst ein ganzes Universum aus Raum und Zeit wahr, bevölkert von einer Unzahl unabhängiger und voneinander getrennter Lebewesen, wirkungsvoll zusammen- und aufrechterhalten vom Kitt der Schuld und der Angst. Mit ihr – der Angst – hast du das perfekte Mittel erfunden, um GOTT zu vergessen. Und mit der Angst kam auch der Schmerz in deine Welt.

Teil I

Gregor

Der Ausdruck tätiger Liebe

Kapitel 1

Die Seele des Leidens

»Schmerz ist ein Fall von falsch verstandener Identität!«

So, das musste mal gesagt werden. Ist das nicht ein großartiger Einstieg? So richtig mit der Tür ins Haus? Ohne auch nur den Versuch zu machen, sie erst vorsichtig zu öffnen? Nun gut, wenn du unser Vorgängerbuch zum Thema »Angst« gelesen haben solltest, könntest du versucht sein zu sagen: »Kenne ich doch. Hast du das nicht ständig im letzten Buch und in einigen Vorträgen oder Online-Sessions vorgebracht? Nur mit dem Unterschied, dass du da nicht vom Schmerz, sondern von der Angst gesprochen hast? Kann das sein?«

Ja, in der Tat, das habe ich im letzten Buch mit einer gewissen inflationären Häufigkeit erwähnt, genauer gesagt: etwa zwanzigmal. Aber Schmerz ist letztlich nichts anderes als eine Ausprägung oder Form von Angst. Theoretisch habe ich also bis hierhin bereits den »Königsweg« zum Umgang mit dem Schmerz vorgezeichnet. Aber Königswege erschließen sich nicht immer unmittelbar. Ich habe auch nicht die Absicht, dir erst einmal unser Buch über das Thema »Angst« schmackhaft zu machen oder gar den Eindruck zu erwecken, es sei die Voraussetzung für das, was du gerade liest.

Stelle bitte die Entscheidung, ob die kernige Aussage zur falsch verstandenen Identität hilfreich oder zumindest nachvollziehbar für dich ist, bis zum Ende des Buches zurück – oder zumindest bis zum Ende dieses ersten Teils. Und behalte die Aussage bestenfalls als leise klingende Saite im Hinterkopf. Denn in diesem ersten Kapitel will ich nicht näher auf die spirituelle Komponente eingehen, die in der Aussage steckt. Der Gedanke als zarter Hauch einer Melodie, an die du dich vage erinnern magst, reicht zunächst vollkommen aus.

Zu Anfang möchte ich mit dir gemeinsam einen ganz konkreten Blick auf den Schmerz werfen. Und damit meine ich ganz »gewöhnlichen«

körperlichen Schmerz. Es gibt sogar eine »Internationale Gesellschaft zur Erforschung des Schmerzes« (IASP – International Association for the Study of Pain). Nun ja, dieses »sogar« ist nicht wirklich angebracht, es hätte mich eher gewundert, wenn es so etwas nicht gäbe. Denn »Schmerz« ist nicht nur ein komplexes Phänomen, sondern auch ein weit verbreitetes »Problem«. Die Definition der IASP gibt einen Eindruck davon:

> *An unpleasant sensory and emotional experience associated with, or resembling that associated with, actual or potential tissue damage.[2]*

> *(Eine unangenehme Sinnes- und Gefühlserfahrung, verbunden mit tatsächlichen oder drohenden Gewebeschädigungen oder wie eine solche Schädigung beschrieben.)*

---

[2] *IASP, DEFINITION OF PAIN, Washington D.C., USA, 1994, https://www.iasp-pain.org/ resources/terminology/#pain (abgerufen am 11.10.2021)*

Diese Definition sowie die weiteren Erläuterungen dazu auf der Internetseite der IASP zeigen, dass ich mit meiner Absicht, zunächst nur den »gewöhnlichen körperlichen Schmerz« zu betrachten, nicht sonderlich weit kommen werde – außer, du interessierst dich ausschließlich für das Eintreffen von Signalen im zentralen Nervensystem, die ihren Ursprung in freien Nervenenden (sensorische Rezeptoren) der sensiblen Neuronen des Rückenmarks haben. Man nennt sie Nozizeptoren und den Vorgang des Signaleintreffens als reine Schmerzwahrnehmung »Nozizeption« – wohlunterschieden von dem heftigen Sinnes- und Gefühlserlebnis, das wir als »Schmerz« bezeichnen und das nicht zwangsläufig von einer Gewebeschädigung abhängen muss. Was wiederum heißt, dass sich Schmerz nicht allein aus der Aktivität der sensorischen Rezeptoren herleiten lässt. Umgekehrt ist Nozizeption auch ohne Schmerz möglich! Mit anderen Worten: Die Reizung der sensorischen Rezeptoren muss nicht zwangsläufig »Schmerz« hervorrufen, den du als solchen subjektiv beschreiben würdest. Wie heißt es so treffend im zweiten der sechs wichtigsten Hinweise zur

Schmerzdefinition auf der Seite der IASP: »Schmerz und Nozizeption sind unterschiedliche Phänomene.«[3]

Das genügt als erster rasanter Sprint in die Theorie, schließlich soll dies hier keine wissenschaftliche Arbeit über Schmerzen werden. Aber was können wir aus diesen theoretischen Erläuterungen folgern, und welchen praktischen Ansatz können wir mitnehmen?[4]

- Subjektiv empfundener Schmerz ist ein auf Grund der Lebenserfahrung *erlerntes Konzept*.
- Schmerz lässt sich nicht allein aus der Aktivität der *sensorischen Neuronen* ableiten.

Das könnte jetzt zu einer völligen Fehleinschätzung führen: Schmerz ist zum großen Teil eingebildet (»erlerntes Konzept«), also stell dich nicht so an! Darum komme ich hier zur wichtigsten Aussage der besagten Schmerzdefinition:

- Es sollte respektiert werden, wenn eine Person eine Erfahrung als Schmerz bezeichnet!

Nehmen wir aus der Fülle der Schmerzerfahrung ein verbreitetes Beispiel für zunehmenden und

---

[3] *IASP 1994, Six keynotes …*
[4] *Vgl. IASP 1994, Six keynotes …*

anhaltenden Schmerz: die Arthrose, in diesem Fall die Knie- oder Gonarthrose. Rückenschmerzen oder Migräne wären auch schöne Beispiele, oder ist dir lieber, wenn ich deinen speziellen …? Nein, ich bleibe bei der Gonarthrose, sie eignet sich ganz gut für gängige und lange »Schmerzkarrieren«. Und da – je nach Quelle – die Wahrscheinlichkeit, an einer Gonarthrose zu erkranken, bei 45 % liegt, und Arthrose bisher nicht heilbar ist, bietet sie sich als Beispiel an.

Ein verbreiteter »Karriereweg« bei Arthrose und insbesondere bei Gonarthrose beginnt mit einer gewissen Steifigkeit des Morgens beim Aufstehen, gefolgt von zunehmenden Schmerzen im Umfeld der Knie bis hin zur »freiwilligen« Bewegungseinschränkung wegen genau dieser Schmerzen – was natürlich zu weiteren Schmerzen mit weiterer Bewegungseinschränkung führt usw. usw. Im gesamten Verlauf gibt es die unterschiedlichsten Maßnahmen der medizinischen, vermeintlich medizinischen, geistigen, esoterischen, magischen oder nicht näher zuordenbaren Kategorien – was keine Wertung darstellt, denn gerade bei Schmerzen ist immer wieder erstaunlich, was »funktioniert« – und was nicht. Der Patient will in erster

Linie den mehr oder weniger permanenten Schmerz und damit die Einschränkungen loswerden. Die Arthrose habe ich als Beispiel gewählt, weil sie – zumindest in einschlägigen medizinischen Kreisen – als nicht heilbar gilt und der im Vordergrund stehende Schmerz zum beherrschenden »Lebensinhalt« werden kann. Aber auch, weil es Menschen mit objektiv nachweisbarer Arthrose gibt, die keinen oder keinen nennenswerten Schmerz spüren und in ihrer Beweglichkeit kaum bis gar nicht eingeschränkt sind.

Schmerz ist auf jeden Fall ein Signal, und als solches unterliegt es der Deutung, ist daher subjektiv. Beispielsweise ist die Deutung, dass Schmerz auf gefährliche körperliche Bedrohungen hinweist und die Intensität des Schmerzes ein Indikator für die Gefährlichkeit darstellt, nicht haltbar: Krebs kündigt sich meistens nicht durch Schmerz an, und Arthrose ist nicht lebensbedrohlich. Die Erfahrung zeigt, dass bereits eine Änderung der Deutung das Schmerzempfinden verändert. Wie war das mit dem erlernten Konzept?

Noch nicht einmal der Ort, an dem der Schmerz im Körper auftritt, hat zwangsläufig etwas mit dem »Ort der Gefährdung« zu tun. Die Gonarthrose ist zum Beispiel ein fortschreitender Knorpelabbau im Kniegelenk. Knorpel verfügt aber nicht über Schmerzrezeptoren, tut also nicht weh. Der Schmerz tritt woanders auf, nicht direkt im Knie, mitunter noch nicht einmal nahe beim Knie. Oder wirf einen Blick auf »die« weit verbreiteten Rückenschmerzen. Die Ursache liegt in der Regel nicht im Rücken, sondern auf der gegenüberliegenden Seite! Der Körper verhindert, dass die durch permanentes Sitzen verkürzten Bauchmuskeln, also die »Beuger« im größten Gelenk des Körpers, der Hüfte, zu schnell gestreckt und dadurch verletzt werden. Wie macht er das? Er schaltet in der Muskelkette auf der »Streckerseite«, dem Rücken, einen wesentlich an der Streckung beteiligten Muskel aus: durch Schmerz. Das geht am effizientesten. Wie wird das häufig behandelt? Durch »Rückenschule«, also Stärkung der Rückenmuskulatur – was die Bemühungen des Körpers unterläuft ...

Das Rückenbeispiel ist ein typischer Fall von Deutung. Die meisten medizinischen Experten werden dieser Deutung wahrscheinlich vehement widersprechen. Deutung hat nichts, aber auch gar nichts, mit der Realität zu tun. Sie ist erlernt. Sie kann praktisch sein. Oder kontraproduktiv. Sie kann heute »richtig« sein, morgen schon als »veraltet« gelten, wie das bei jedem erlernten Konzept der Fall ist. Die angesprochene Deutung zu den Rückenschmerzen habe ich übrigens vor vielen Jahren mal bei dem zwischenzeitlich verstorbenen Arzt Walter Packi gelernt, dem »Erfinder« der Biokinematik[5]. Und da dies in einer ganz praktischen Situation geschah, nämlich in der Behandlung einer jahrelangen »Schmerzkarriere«, die nach ca. 15 Minuten abrupt endete und ich nach einer Woche komplett schmerzfrei war, habe ich folgerichtig seine Deutung akzeptiert und übernommen.

*

So grabe ich nun ein wenig tiefer, um das Phänomen »Schmerz« zu beleuchten und um *einer*

---

[5] *Biokinematik nach Walter Packi, http://biokinematik.com/biokinematik/prinzip/ (abgerufen am 26.10.2021)*

möglichen Antwort auf die Frage näher zu kommen: »Wohin mit dem Schmerz?«

Wie die bereits erwähnten Hinweise der IASP nahelegen, scheint das subjektive Empfinden des Schmerzes, das erlernte Konzept, einen Schlüssel zum Umgang mit dem Schmerz darzustellen. Denn die »Physik« oder *Nozizeption*, also die Reizung der *sensorischen Rezeptoren*, ist immer mit »Untertiteln« versehen. Das »Gesamtpaket Schmerz« ist das, was letztlich im Bewusstsein ankommt. Neben den »Untertiteln« gehört in jedem Fall eine Portion »Widerstand« zum Paket. Was meine ich mit »Untertiteln«? Kurz gesagt: Geschichten. Also Bilder, Befürchtungen, Bedenken, Zukunftsängste, Deutungen, Meinungen und jeweils damit zusammenhängende Emotionen, die zusammen mit der »Physik« das von dir erfahrene »Schmerzpaket« bilden. Interessanterweise stehen die Emotionen bei der Erfahrung des »Schmerzpakets« häufig im Vordergrund, die »Untertitel« werden gar nicht beachtet oder befinden sich »darunter« versteckt. Und da ich gerne zu knackigen Aussagen neige, bezeichne ich Emotionen hier mal als »körperliche Empfindungen mit Untertiteln«.

Ist das jetzt eine Theorie, die ich irgendwo ausgegraben habe? Ja und nein. Ausgangspunkt war mal eine Yoga-Session vor längerer Zeit, so eine ganz praktische Herangehensweise an einen spezifischen körperlichen Schmerz. Und dann kam die übliche Neugier, mehr darüber zu erfahren. So kam es, wie es kommen musste – jedenfalls bei mir: Ein wissbegieriger Ritt durch den Yoga, wann immer es dazu eine Gelegenheit gab (Yoga wurde auf meiner spirituellen Reise nie zu einem wesentlichen Thema), durch den einen oder anderen Artikel der medizinischen Art, und ein Blick auf die Erfahrungen und Kritiken von Mindfulness- oder Achtsamkeitsmethoden (also Buddhismus ohne Buddhismus, wenn ich mal kalauern darf). Dies ist, wie bereits erwähnt, kein wissenschaftliches Buch, ich habe mir zu dieser »Theorie« eine Quellenangabe erspart – weil es in dem Sinne keine zitierten oder nacherzählten Quellen gibt, die mehr als nur Fragmente oder Teilideen dessen beinhalten, was ich hier erzähle. Viele Quellen mit Ideen sind mir auch gar nicht mehr bekannt. Das Sahnehäubchen, das den Geschmack an der Sache für mich ausgemacht hat, war mehr die *Anwendung* dessen, was ich hier herleite.

Wir waren vor diesem Einschub bei dem »subjektiven Schmerzpaket« und seinen Komponenten: Es lässt sich nicht auseinanderpflücken und auf der Basis seiner Bestandteile analysieren. Es kommt immer als Ganzes im Bewusstsein an. Daher ist es auch nicht möglich, festzustellen, wie groß die einzelnen Bestandteile sind. Macht der physische Schmerz bei diesem gerade auftretenden konkreten Knieschmerz 80% des erfahrenen Schmerzes aus? Die »Geschichten«, also das erlernte Konzept mit seinen Gedanken und Emotionen macht 15% aus? Und für den Widerstand bleiben dann noch 5%? Vielleicht ist aber auch der Schmerz so stark, dass der Widerstand einen deutlich höheren Anteil ausmacht? Es lohnt sich nicht, das im Einzelfall herausfinden zu wollen. Denn auf der einen Seite ist das einfach nicht möglich, und auf der anderen Seite hat es keinerlei Nutzen.

Man könnte auf die Idee kommen, sich bei der Bekämpfung des Schmerzes dem »Hauptbestandteil« zu widmen, um den »größten Erfolg« zu erzielen. Aber schon die Wortwahl zeigt den

Trugschluss: Durch das Wort »bekämpfen« wird der Widerstand als Bestandteil des »Pakets« völlig übersehen und daher nicht beachtet, denn was ist »Bekämpfen« anderes als Widerstand? Im »praktischen Leben« liegt der Schwerpunkt der Schmerzbekämpfung häufig bei der Beseitigung oder Minderung des physischen Schmerzes durch Medikamente oder – wie im Fall der Gonarthrose – auch durch Bewegungsübungen, Akupunktur, Spritzen ins Knie oder Operation. Die anderen beiden Komponenten des Schmerzpakets spielen in vielen etablierten Vorgehensweisen keine Rolle.

Es kann für uns deshalb hilfreich sein, die einzelnen Komponenten so zu kategorisieren:

»Physik«/Nozizeption + Leiden (Schmerzerleben)

Zur Kategorie *Leiden (Schmerzerleben)* gehören *Widerstand* und *Konzepte nebst Emotionen*. Das Leiden als übergeordnete Komponente in den Fokus zu nehmen, scheint ein vielversprechender Ansatz zu sein, um den Schmerz »beherrschbarer« zu machen. »Leiden« ist eine Wahl! Eine Wahl beruht in der Regel auf *Deutungen*. Die Erfahrung zeigt, dass der physische Schmerz sich verändert, wenn das »Leidenspäckchen« verändert wird. Dabei steht das Konzept als Bestandteil des »Leidenspäckchens« überraschenderweise gar nicht im Vordergrund, d.h. die Veränderung der *Deutung* bzw. deren Ersatz durch ein neues Konzept spielen eine untergeordnete Rolle.

Der Widerstand ist eine Emotion im Verbund der Emotionen des »Leidenspäckchens«, er bekommt nur durch die eigenständige Namensgebung eine herausragende Stellung. Wird der Widerstand als erstes »behandelt«, sind die Auswirkungen auf das subjektive Schmerzempfinden am stärksten. Denn man kann den Widerstand durchaus als »Seele des Leidens« bezeichnen. Zumindest gilt dies für die meisten Menschen. Es kommt jedoch auch vor, dass die weiteren Emotionen des »Päckchens« mehr im Vordergrund stehen, so dass sich in einem solchen Fall das Augenmerk zunächst auf diese Emotionen und »Untertitel« richtet. Ich werde hier im weiteren Verlauf exemplarisch auf den Widerstand eingehen.

Die Essenz des Leidens besteht in der unterschwelligen oder bewussten Überzeugung, dass die Dinge anders sein oder laufen müssten, als es der Fall ist, war oder sein wird. Du kennst es vermutlich sehr gut, dass Ereignisse aus der Vergangenheit, die »falsch gelaufen« sind, zu Leiden führen. Dasselbe gilt für *erwartete* »falsch laufende« Dinge, Ereignisse oder Situationen. Das Leiden bei Schmerzen umfasst beides, Vergangenheit und Zukunft, und bezieht die gegenwärtige »Physik« mit ein: Es tut gerade sauweh! Das alles führt zu einer unangenehmen, aber glasklaren Schlussfolgerung: Du erzeugst das (subjektive) Leiden! Womit? Durch den Widerstand gegen *das*, was *ist*, die »Realität«, die du als solche empfindest bzw. wahrnimmst – ungeachtet der Frage, ob das wirklich *die* Realität ist. Für dich ist sie das.

Damit sind wir mal wieder an einem Scheideweg angekommen: Wenn du das Leiden tatsächlich erzeugst, kannst du dich als Versager fühlen, dich mit Schuldgefühlen quälen oder dir Asche aufs Haupt streuen. Noch »besser« ist es im Sinne der »Versagerkarriere«, alles nach außen zu projizieren, indem du zunächst das Ansinnen, du seist tatsächlich der Erzeuger deines Leidens, weit von dir weist und dann einen Schuldigen für dein Leiden ausfindig machst. Bei Schmerzen sollte das doch gar nicht so schwer sein. Mit diesen selbstquälerischen und verleugnenden Vorgehensweisen beseitigst du zwar nicht den Schmerz und fügst dem »Leidenspäckchen« noch eine Portion Aufgebrachtheit, Wut oder Zorn hinzu, aber dafür darfst du dich im Gefängnis des Opferbewusstseins »frei« entfalten.

Es gibt aber eine andere Möglichkeit der Betrachtungsweise: Wenn du das Leiden erzeugst, liegt es auch in deinen Händen, es gehen zu lassen! Widerstehst du dem Reflex, die Aussage so zu interpretieren, dass du selbst Schuld an deinem Leiden hast, blickst du plötzlich auf eine Möglichkeit: »Kann es tatsächlich sein, dass *ich* es in der Hand habe, ob ich leide? Was habe ich zu verlieren, wenn ich das als Ausgangspunkt nehme?«

Versuchen wir es mal gemeinsam mit dem Widerstand, oder abstrakt gesprochen: Mit der Ablehnung dessen, was *war*, *ist* oder *sein wird*, unabhängig davon, ob das, *was* du ablehnst, real ist oder nicht. Der *physische Schmerz*, und um den geht es uns ja im Moment, *ist* für dich real. Wozu dient dann im Zusammenhang mit dem Widerstand oder der Ablehnung der Hinweis auf das, was *war* oder *sein wird*? Es tut doch *jetzt* weh!

Ist das so? Spielen Vergangenheit und Zukunft keine Rolle?

Stell dir vor, du sitzt mit deiner Gonarthrose, also den Knieproblemen, die ich ja als Beispiel nehme, in deinem Lieblingssessel, die Beine sind hochgelegt, der Kaffee ist in Reichweite, dein treusorgender Partner bereitet gerade den Kuchen vor … und da ist kein Schmerz. Wunderbar, kein Leiden! Moment, das habe ich nicht gesagt. Du hast vielleicht das Gefühl, du solltest, bevor du den bald vorgesetzten Kuchen seiner Bestimmung zuführst, erst noch mal das Porzellanzimmer aufsuchen. Oh nein, das tut doch dann wieder richtig weh um die Knie herum! Und dann das mühevolle Aufstehen, bis du erst wieder aus dem Sessel hochkommst! Geschweige denn die Anlaufschwierigkeiten, diese Schmerzen gerade am Anfang!

Das ist Leiden durch Widerstand gegen oder Ablehnung von etwas, das in der Zukunft liegt. Wohlgemerkt, da *ist* momentan kein physischer Schmerz, keine Nozizeption. Aber da *ist* eine Form des Leidens. Und das »funktioniert« natürlich noch besser mit der Vergangenheit: Abgesehen davon, dass die Physiotherapeutin an den Beinen gezogen und die Knie etwas gerade gerückt hat – was ganz schön weh tat – ist der Schmerz irgendwie schlimmer geworden. Hat sie da was kaputt gemacht?!

Obwohl da *jetzt* kein Schmerz ist – das tut dem Leiden keinen Abbruch. Dem Leiden durch Ablehnung. Oder durch Widerstand. Da lohnt es sich doch, dass wir uns nun endlich dieser »Seele des Leidens« zuwenden.

Wohin mit dem Widerstand?

Lass es mich bitte so zusammenfassen: Wir wollen versuchen, den Körper zu nutzen, um mit dem »Schmerzpaket« umzugehen. Das erscheint vordergründig naheliegend und selbstverständlich. Aber wir nutzen den Körper nicht als *Ziel* oder als *Zweck*, sondern »nur« als *Mittel!* Der Schmerz wird zu einer *Empfindung*, die wir nicht im Zusammenhang mit dem Körper als Austragungsort betrachten – sondern als *Erfahrung*, die auftaucht, nervt, Widerstand erzeugt, schlimmer oder weniger wird und vielleicht kurz verschwindet. Der Körper ist dabei unsere »Spielwiese« als *Mittel*.

Wie ich bereits sagte: Widerstand ist eine Emotion. Emotionen kannst du dir auch als eine Art Energie vorstellen, die du im Körper als eine gewisse Anspannung findest. Der Vorteil dieser Vorgehensweise, »therapeutisch« mit Emotionen als körperliche Empfindungen statt auf der Gefühlsebene oder gar der Verstandesebene umzugehen, ist ihre »Lokalisierbarkeit«, also die präzise Möglichkeit der »örtlichen« Wahrnehmung und die weitgehende Abwesenheit der Verurteilung. Letzteres kann die »Angst vor dem Gefühl« oder den »Widerstand vor dem Widerstand« reduzieren.

Der schwierigste Teil bei dieser Vorgehensweise ist es, den Widerstand zu identifizieren. Emotionen zeigen sich im Körper auf einer Achse vom Beckenboden bis zum Hals. »Ein Gefühl steigt auf«, kann man sagen. Da ist so eine Art von »Energie«, die tatsächlich aufsteigen kann, also nicht zwangsläufig statisch ist. Diese Energie oder Emotion wird immer frisch erzeugt, wenn ein Auslöser (Trigger) wie »Schmerz« oder die Erinnerung daran auftritt.

Probieren wir es einfach einmal aus, statt noch länger zu theoretisieren:

Lass den Widerstand gehen

Wende dich einem Schmerz zu, den du spürst. Nimm dazu einen konkreten Schmerz oder denke an eine Situation, die Schmerzen erzeugt.

Im ersten Schritt spüre den Schmerz so, wie du ihn üblicherweise empfindest. Versuche nicht, irgendetwas »anders zu machen« als sonst.

Befasse dich ein wenig mit diesen beiden Fragen:

Wenn du aufhören könntest, dich diesem Schmerz zu widersetzen, was würdest du fühlen? Spüre die Antwort im Körper, versuche nicht, dir etwas auszumalen oder eine Antwort mit dem Verstand zu geben.

Welche Notwendigkeit siehst du, dem Schmerz Widerstand entgegenzusetzen? Begründe es diesmal aus dem Verstand heraus, während du den Schmerz im Körper spürst.

Stelle anschließend fest: Wo im Körper spürst du den Widerstand gegen diesen Schmerz? Vielleicht sind noch mehr Emotionen mit dem Schmerzempfinden verbunden. Konzentriere dich jedoch nur auf den Widerstand.

Versuche, ihn aufzuspüren. Er ist da – immer, wenn Schmerzen auftreten! Häufig spürst du ihn im Bereich des Solar Plexus. Oder noch etwas höher.

Nimm nur diese Empfindung des Widerstands wahr, der physische Schmerz als Auslöser oder sonstige Emotionen interessieren dich jetzt nicht. Dir geht es nur um den Widerstand.

Werde dir darüber klar, dass du diesen Widerstand nicht mehr brauchst und die Absicht hast, dem Schmerz *ohne* diesen Widerstand zu begegnen, da der Widerstand die »Seele des Leidens« ist. Und dann sage respektvoll und mit Mitgefühl zu diesem wahrgenommenen Empfinden des Widerstands:

»Ich brauche dich nicht mehr, du kannst jetzt gehen.«

Verweile einen Augenblick und spüre, ob sich etwas ändert.

Wenn es sich richtig anfühlt, kannst du diesen letzten Schritt natürlich wiederholen oder dem

Widerstand für seine bisherigen »Dienste« danken:

»Danke, dass du da warst, damit ich daraus lernen konnte. Jetzt brauche ich dich nicht mehr, du darfst nun gehen.«

Ist der Schmerz nun verschwunden? Das ist durchaus möglich. Vielleicht stellst du auch »nur« fest, dass der Schmerz ein wenig von seinem Schrecken verliert. Und falls sich überhaupt nichts verändert? Dann ist das kein Grund anzunehmen, dass du etwas falsch gemacht hast oder die Vorgehensweise nichts für dich ist. Bekämpfe dich nicht durch deine eigenen Erwartungen!

In diesem ersten Schritt war das Leiden das Ziel. Darum stand zunächst die intensive Beschäftigung mit der »Seele des Leidens«, dem *Widerstand*, im Vordergrund. Wenn das eine gewisse »Resonanz« oder Zustimmung bei dir hervorgerufen hat, ist ein wichtiges (Teil-)Ziel erreicht.

Heißt das jetzt, dass man der Ursache der Schmerzen keine Beachtung schenken soll? Schön, der Schmerz soll nicht »bekämpft« werden, aber soll ich ihn stattdessen »annehmen«, ihn vielleicht sogar »begrüßen« oder »umarmen«?!

Nichts davon »sollst« du, weder bekämpfen, noch nachsichtig erdulden, nicht verleugnen oder verdrängen, auch nicht umarmen oder positiv sehen. Denn alles das sind Reaktionen auf Deutungen oder Beurteilungen, die dem »Konzeptaspekt« des Leidens zuzuordnen sind, nicht dem Schmerz an sich. Alles das sind Gründe für die Berechtigung des Widerstands.

Den Widerstand aufzugeben heißt jetzt nicht unbedingt, dass der physische Schmerz verschwindet.

Kann sein, aber muss nicht.

Das Leiden allerdings, das der Widerstand auslöst, verschwindet in den meisten Fällen oder vermindert sich mit großer Wahrscheinlichkeit.

Und du wirst feststellen, dass der Schmerz zumindest seinen Schrecken verloren hat – oder im besten Fall gleich ganz verschwunden ist.

Kapitel 2

Schmerzmittel

»Du hast noch gar nichts über die unterschiedlichen Auslöser für Schmerzen gesagt. Soll ich denen keine Beachtung schenken?«

Bitte vergiss das Wörtchen »soll«. Ich maße mir nicht an, dir zu sagen, was du bezüglich der Schmerzen tun oder unterlassen »sollst«. Es geht mir nicht darum, dir »alternative Behandlungen gegen Schmerzen« anzubieten, da ich keine *Heilung medizinischer oder psychologischer Art* anbieten will, kann und darf. Daher lautet auch mein ausdrücklicher Rat: Es ist immer angezeigt, Schmerzursachen professionell medizinisch abklären zu lassen!

Bei der Alternative, die ich dir anbiete, handelt es sich zunächst einmal »nur« um eine Sichtweise. Diese Sichtweise schließt nichts aus und bewegt sich insbesondere nicht im Dunstkreis des »du sollst«, »du musst« oder »du darfst nicht«. Sie befasst sich auch nicht mit den unterschiedlichen Ursachen von Schmerzen, weder den medizinisch/psychologischen noch den *symbolisch* verstandenen »Ursachen«, also den Deutungen, worauf dich »dein« ganz spezifischer Schmerz hinweisen will. »Schmerzmittel« sind in meiner Sichtweise keine Mittel *gegen* den Schmerz. Ich bringe mit dieser Kapitelüberschrift vielmehr zum Ausdruck, dass der Schmerz zum *Mittel* wird und nicht zum *Zweck*.

Bevor du jetzt müde abwinkst, weil dir der Marktplatz der Konzepte und Sichtweisen zum Hals heraushängt, da du aus »schmerzhaften Gründen« bereits viele unterschiedliche Diagnosen und Deutungen sowie damit verbundene »Therapien« als Ansätze zur Beseitigung des Schmerzes erfahren hast: Im ersten Kapitel haben wir den Schmerz einmal als solchen links liegen lassen und auf die »Seele des Leidens«, den Widerstand, geschaut. Das *ist* bereits eine andere Sichtweise, die insofern ungewöhnlich ist, dass sie den Schmerz nicht loswerden will.

»Aber ich will den Schmerz doch loswerden!«, sagst du. Ja, natürlich, dies ist ja auch keine Anleitung für einen gepflegten Masochismus, und ich will dir auch nicht erzählen, wie toll doch Schmerz im Grunde genommen ist. Du wirst sicherlich das eine oder andere gegen deine Schmerzen unternehmen. Es liegt mir fern, dir in irgendeiner Weise davon abzuraten. Bleibe dabei, wenn es hilfreich ist, oder finde einen besseren Weg, wenn es dir notwendig erscheint. Vielleicht – nur darum soll es uns hier gehen – kannst du dich aber zusätzlich (nicht stattdessen) auf eine andere oder weitere Sichtweise einlassen. Nur darum soll es uns hier gehen.

Fallen wir nach dieser vorsichtigen Einleitung doch einfach mit der Tür ins Haus. Dann weiß jeder, dass wir da sind. Gelegentlich ist der Wechsel vom vorsichtigen Herantasten zum forschen Vorstürmen die angebrachte Art und Weise, den »natürlichen« Widerstand gegen das »Unbekannte« oder gar »Unerhörte« hinter sich zu lassen.

Darum bitte ich dich jetzt, dich einmal auf dein Schmerzempfinden einzulassen. Solltest du zu den Lesern gehören, die überhaupt keine Schmerzen haben und dieses Buch aus belletristischen, wissbegierigen oder anderen Gründen lesen:

Irgendwo in den Tiefen deiner körperlichen oder seelisch-psychischen Empfindungen wirst du bestimmt etwas finden, das du als »Schmerz« wahrnehmen kannst. Komme aber bitte nicht auf die Idee, dazu mit dem Kopf vor die Wand zu laufen oder dich zur Schmerzerzeugung die Treppe hinunterzustürzen. Oder deinen Körper auf irgendeine andere Art als Schmerzsuchgerät zu missbrauchen.

Mit »Einlassen auf das Schmerzempfinden« meine ich: Nimm den Schmerz wahr, so wie er sich zeigt. Da ist mit Sicherheit (noch) Widerstand vorhanden, mal mehr und mal weniger, ungeachtet der Vorbemerkungen und des Vorgehens aus dem ersten Kapitel. Sollte der Widerstand zu groß sein, aus welchen Gründen auch immer: Zwinge dich zu nichts! Du scheiterst nicht deswegen! Bekämpfe dich nicht selbst! Versuche in einem solchen Fall lieber, dich dem Widerstand zuzuwenden, wie ich es beschrieben habe.

Erinnere dich: Du »sollst« – gar nichts. Also den Schmerz weder bekämpfen, noch nachsichtig erdulden, ihn nicht verleugnen oder verdrängen, auch nicht umarmen oder positiv sehen. Denn alles das sind Reaktionen auf Deutungen oder Beurteilungen, die dem »Konzeptaspekt« des Leidens zuzuordnen sind, nicht dem Schmerzempfinden an sich. Alles das sind, wie gesagt, Gründe für die »Berechtigung« des Widerstands.

Nimm den Schmerz wahr. Nichts weiter. »Mache« also nichts mit dem Schmerz, nimm ihn einfach nur wahr. Sei dir des Schmerzes bewusst.

Wenn du schon Erfahrungen mit *Mindfulness*- oder Achtsamkeitsmethoden hast: Es geht zunächst einmal ungefähr in diese Richtung, es ist sozusagen – wenn auch nur angedeutet – unser erster Schritt in Richtung »Schmerz«, nachdem wir uns bisher der Barriere »Widerstand« gewidmet haben. Darum möchte ich an dieser Stelle auch die Gegenindikation für diesen Schritt und die gesamte Vorgehensweise anführen: *Falls du an Schizophrenie oder Depressionen leidest, Traumataerfahrungen gemacht hast oder zu Psychosen neigst, ist es sinnvoll, dir deinen spezifischen Schmerz nur gemeinsam mit einem Psychologen oder Psychotherapeuten direkt und ohne Widerstand bewusst zu machen (üblicher »Disclaimer Mindfulness«).*

Wir sind also immer noch bei diesem ersten kleinen Schritt: Nimm den Schmerz wahr, wie er sich dir zeigt.

Erlaube dir, den Schmerz zu empfinden, ohne den Wunsch, ihn loszuwerden.

Vielleicht gehen dir Gedanken der Angst durch den Kopf, die du mit dem Schmerz verbindest: »Was ist, wenn ich den Schmerz nicht mehr aushalte, wenn er nicht mehr weggeht, wenn er schlimmer wird, wenn ...«

Es sind »nur« Gedanken. Sie kommen und gehen, sie können dir nichts anhaben. Dieses »Was ist, wenn ...?« Ist Ausdruck typischer »Leidensgedanken«, du malst dir etwas aus, das nicht da ist. Versuche nicht, diese oder andere Gedanken, die sich mit dem Schmerz verbinden, zu unterdrücken oder loszuwerden. Begegne ihnen mit Gleichmut, mit einer Art »Na und?« oder »Was soll's!« und – lasse sie stehen. Folge ihnen nicht, lass dich nicht von ihnen »einfangen«, sondern entziehe ihnen deine Aufmerksamkeit und richte sie wieder auf den Schmerz.

Taucht da im Zusammenhang mit dem Schmerz irgendeine Art von unbestimmter Angst auf, die nicht erkennbar mit einer Vorstellung oder einem Gedanken verbunden ist? Erinnere dich an die Vorgehensweise, wie du mit dem Widerstand umgegangen bist: Betrachte auch diese Emotion, die Angst, als eine Art körperliche Energie, die du auf der Achse vom Beckenboden bis zum Hals wahrnehmen kannst. Und mache dir auch diesmal klar, dass du diese Emotion nicht mehr brauchst. Lasse sie respektvoll gehen, wie du das mit dem Widerstand gemacht hast.

Richte deine Aufmerksamkeit wieder auf den Schmerz. Lass dich nicht ablenken, es geht dir nur um die Hinwendung an den Schmerz, um das reine ungefilterte Gewahrsein des Schmerzes, das *Sein* des Schmerzes – um nichts anderes.

Machen wir nun den nächsten Schritt: Bemerke die Einzelheiten, die das Schmerzgefühl ausmachen. Da ist nicht einfach nur ein diffuses einheitliches Schmerzempfinden, nein, der Schmerz verändert sich, hat ganz feine Nuancen, ebbt mal ab, wird dann wieder etwas stärker. Schau dem Schmerz mit einer Art Neugierde zu, versuche, so viele Details wie möglich über den Schmerz herauszufinden.

Stelle die »Perfektion« deines Schmerzes fest, diese filigranen Facetten des Empfindens, die »Faszination« angesichts der »Schmerzstruktur«. Sei dir des Schmerzes ungefiltert und direkt gewahr, wie ein Ereignis, auf das du schon lange gewartet hast.

An dieser Stelle halten wir besser inne. Bist du noch bei mir oder bist du bereits »ausgestiegen«? War das zu verrückt, die »Perfektion« oder die »Faszination« ausgerechnet im Schmerz entdecken zu wollen? Das geht doch gar nicht! Das können doch höchstens irgendwelche indischen Gurus, die angeblich jahrelang unbeweglich auf einem Bein im Wald stehen!

»Weißt du eigentlich, was Schmerzen sind, mein Lieber? Du solltest das ein wenig ernster nehmen!«

Du hast Recht. Gut, ich weiß, was Schmerzen sind, und ich nehme sie sehr ernst. Mit Schmerzen zu leben ist kein Ponyhof. Die Einschränkungen der Lebensqualität nehme ich nicht auf die leichte Schulter. Aber ich weiß auch: Man kann Schmerz anders sehen. Man *kann*, aber dass soll auf keinen Fall »Erfolgsdruck« oder falsche

Hoffnungen hervorrufen. Insbesondere gibt es nicht den geringsten Grund, sich zu verurteilen oder negativ zu bewerten, weil es nicht »funktioniert«. Erfolgsdruck wäre der völlig falsche Weg. Es klappt jetzt vielleicht nicht sofort. In den meisten Fällen wird das erst einmal so sein. Das war der Grund, warum ich gesagt habe: Fallen wir mit der Tür ins Haus, wohlwissend, dass dies nicht immer der schnellste Weg ist.

*

Unabhängig davon, wie es dir mit der Reise bis hierhin gegangen ist, möchte ich die leise klingende Saite in Erinnerung rufen, den zarten Hauch der Melodie aus dem ersten Kapitel: »Schmerz ist ein Fall von falsch verstandener Identifikation.« Du erinnerst dich? Bereits im Rahmenkonzept taucht diese Aussage auf.

Womit identifizierst du dich? Bevor du nun in deinem umfangreichen spirituellen Wissen nach dem passenden Sinnspruch suchst oder aufgrund eines fehlenden spirituellen Bezugs Selbstverständlichkeiten rezitierst – und ich bin mir sicher, dass dir zu dieser Frage ganz natürlich und spontan die eine oder andere Antwort in den Sinn

kommt – möchte ich wieder kurz mit dir inne-
halten. Du hast vermutlich das Einführungskapi-
tel »Das Rahmenkonzept« gelesen und weißt,
dass wir dort zu dieser Frage die eine oder andere
konzeptionelle Antwort aufführen. Es geht mir
jedoch an dieser Stelle nicht um intellektuelle
Erklärungen zu dieser Frage, sondern um eine Art
von Gespür oder Erfahrung deiner Identifikation.

Daher möchte ich dich bitten, kurz die Augen zu
schließen. Hm, das war jetzt keine sonderlich
gute Idee, da du nicht weiterlesen kannst, *wozu*
das denn gut sein soll. Also lies bitte zunächst,
worauf ich hinaus will.

Versetze dich bitte in die Situation eines Klein-
kindes, das noch nicht die Augen geöffnet hat
und auch über die anderen Sinne bisher keine
Lernschritte vollzogen hat, um »Dinge« zu
unterscheiden. Du kennst keine Vergangenheit
und weißt nicht, was Zukunft bedeutet. Womit
identifizierst du dich? Wer bist du? Welchen
Namen würdest du dir geben? Sicher, Klein-
kinder kennen in dem Alter keine Symbole und
Namen, denn diese sind ja gerade die »Werk-
zeuge«, um Dinge zu benennen und damit abzugrenzen – einschließlich der eigenen Identifika-

tion. Aber ich sage *nicht*: »*Sei* ein Kleinkind und vergiss *alles*, was du seitdem gelernt hast!« Ich möchte nur von dir wissen: Womit identifizierst du dich, ohne Bezug auf die erlernten Erfahrungen der Vergangenheit oder die Vorstellungen von der Zukunft zu nehmen?

Vielleicht ist nun der richtige Zeitpunkt, die Augen zu schließen und das jetzt kurz auszuprobieren. Dazu beende ich hier diese Seite, auf der nächsten geht es weiter.

Vermutlich ist der einzige Name, den du dir unter den beschriebenen Bedingungen geben kannst, die Bezeichnung: »Ich«. Und was du mit Sicherheit sagen kannst: »Ich bin da!« Das ist völlig unabhängig davon, was dieses »Ich« sein mag – solange du nicht versuchst, es zu definieren. »Definition« ist »Unterscheidung«, um zu definieren, musst du das, was du definieren willst, »abgrenzen«. Um »da zu sein«, bedarf es jedoch keiner Definition oder Abgrenzung.

Definition ist letztlich dasselbe wie Identifikation. Um dich mit »Etwas« zu identifizieren, musst du zuerst lernen, dieses »Etwas« abzugrenzen. Um »da zu sein«, brauchst du jedoch keine Identifikation. Mit anderen Worten: Die Frage »Womit identifizierst du dich ...« ist ein wenig irreführend, denn »Ich bin da!« ist im eigentlichen Sinne die *Abwesenheit* von Identifikation.

»Ich bin präsent« ist eine andere Möglichkeit, das »Da-Sein« auszudrücken. Da aber jedes beschreibende oder zusätzliche Wort letztlich die Tatsache der reinen Präsenz *nicht* »trifft«, ist die kurze Form *»Ich bin«* in einschlägigen Kreisen am weitesten verbreitet.

Woher weißt du von »*Ich bin*«? Ist das eine Erfahrung, also eine Wahrnehmung? Du kannst Gedanken wahrnehmen, Gefühle, körperliche Empfindungen und Sinneseindrücke. Alle diese Wahrnehmungen sind letztlich Abgrenzungen: »Hier« ist der »Wahrnehmende«, »dort« das »Wahrgenommene«. »*Ich bin*« ist jedoch nichts »Wahrgenommenes«, also nichts, was gesehen, gehört, gerochen oder geschmeckt werden kann, es ist kein Gedanke, kein Gefühl und keine körperliche Empfindung. Du hast dieses »*Ich bin*« auch nicht erraten, erfunden oder dir vorgestellt. Du *weißt* es. Unmittelbar. Und hast es vergessen.

Du wirst bei näherem »Hinsehen« feststellen, dass dieses »*Ich bin*« nicht begrenzt ist – außer, du beziehst dich auf erlernte Erfahrungen aus der Vergangenheit und machst »*Ich bin*« zu einem »Ding«: einem Gedanken, einem Gefühl, einem (körperlichen) Empfinden. Wobei du genau das im Laufe deiner Entwicklung gemacht hast: Du hast dich mit einem erlernten »Ding« identifiziert. In der Regel ist dieses Ding eine komplexe Zusammensetzung aus unterschiedlichen Wahrnehmungen. Im Vordergrund stehen körperliche

64

Empfindungen, angereichert mit Sinneswahrnehmungen (»Andere sind so seltsame Gebilde mit zwei Stangen rechts und links, die aus einem Torso ragen, dazu zwei weitere Stangen, die bis zum Boden reichen, gekrönt von einem Fleischklops oben drauf, in dem sich zwei Gucklöcher befinden. Also bin ich auch so ein *Körper*«), zusammengehalten von einem kunstvollen Gebilde aus Gedanken, Vorstellungen und Meinungen. Als Stabilitätsanker bedarf es noch des Kitts, der diesem Gebilde eine gewisse Dauerhaftigkeit verleiht. Dabei handelt es sich um das einzige Gefühl, das du in vielen verschiedenen Spielarten kennst: Angst. Eine wesentliche Spielart haben wir im ersten Kapitel kennengelernt, das Leiden in seiner unerschöpflichen Ausprägung und Abstufung.

Wo ist das grenzenlose und zeitlose »*Ich bin*« geblieben? Das nie abwesend war, ist oder sein wird? Das kein Gegenteil hat?

»*Ich bin*« kann nicht leiden. Außer, du beziehst dich auf die Vergangenheit.

Wunderbar, an dieser Stelle fällt es dir sicher wie Schuppen aus den Haaren: Was für eine einfache

Glücksformel! Schwupps, jedes Leiden, jeder Schmerz darf verschwinden oder schmilzt dahin angesichts der Tatsache, dass er das »*Ich bin*«, das »Da-Sein«, nicht berühren kann. »Leider« ist es tatsächlich so einfach – bedauerlicherweise *zu* einfach. Dich dem »*Ich bin*« hinzuwenden und festzustellen, dass es deine eigentliche Identität ist – die unerschütterliche *Abwesenheit* von Identifikation, die durch nichts bedroht werden kann – das ist sehr einfach, wie du es jetzt vielleicht auch schon erfahren hast, wie kurz auch immer. Das »*Ich bin*« zum *gelebten Ausdruck* zu bringen, es als »Glücksformel« zu erfahren, kann schon mal ein Leben lang dauern. *Kann*, muss aber nicht.

*

Da auch der längste Weg nun einmal mit dem ersten Schritt beginnt und dies gleichfalls für Wege ohne Entfernung gültig ist, möchte ich kurz auf eine bekannte Metapher eingehen, die wir im Rahmenkonzept nur namentlich erwähnt haben: die Metapher von der Welle und dem Meer. Das soll das »*Ich bin*« auch von der gedanklichen Seite her ein wenig beleuchten.

Metaphern sind Stilmittel, nicht mehr. Sie dienen der Veranschaulichung von Sachverhalten durch »geeignete Bilder« und sind daher in gewisser Weise begrenzt: Man sollte sie nicht überstrapazieren und für Aussagen oder Folgerungen verwenden, für die sie nicht geeignet sind.

Das Bild von der »Welle und dem Meer« ist dir vermutlich bekannt, wenn du dich ein wenig mit Spiritualität befasst. Die Wellen an der Oberfläche des Meeres stehen für »die Welt«, wie du sie wahrnimmst. Oder genauer: Jede Welle steht für ein »Selbstkonzept«, eine »Identifikation« mit einer Persönlichkeit. Es entstehen ständig neue Wellen und sie enden irgendwann – sei es, dass sie am Strand sanft auslaufen, gegen einen Felsen klatschen oder sich mit anderen Wellen gegenseitig aufheben. In gewisser Weise spiegeln sie also unsere »Lebensläufe« wider.

Stell dir vor, du bist als Welle auf dem Meer unterwegs, begegnest anderen »Wellenpersonen«, pflegst Umgang mit ihnen und erlebst alleine oder gemeinsam die üblichen »Wellenabenteuer«. Was bedeutet »alleine«? Nun, du hältst dich für eine bestimmte Form, dein »Körper« ist in diesem Fall die Wellenform. Und wie bereits oben beschrieben, glaubst du auch in diesem Fall, ein begrenztes und in der (Wellen-) Form beschränktes »Gebilde« aus »körperlichen« Empfindungen, Gedanken, Meinungen, Gefühlen und Sinneswahrnehmungen zu sein.

Eines Tages fällt dir ein Buch in die Hände (wobei ich beim besten Willen nicht sagen kann, wie Wellenbücher beschaffen sind), das den Titel trägt: »Wohin mit dem Schmerz, Welle?« Dort wird dir vorgeschlagen, dich mal kurz deinem »Da-Sein« zuzuwenden, deinem Wissen des »*Ich bin*«. Was meinst du, worauf bezieht sich dieses Wissen? Ist es die Welle, die »weiß«, dass sie *ist* – als Welle?

Die Welle *existiert*, aber sie *ist* nicht! Das ist übrigens der Grund, warum ich bisher die Frage nach dem »Da-Sein« nicht so formuliert habe: »Stelle fest, dass du existierst!« Die Vorsilbe »ex« in dem Wort »existieren« weist auf eine Abgrenzung hin, Existenz entsteht aus einem »Hintergrund«, vor dem sich etwas »abhebt«, um zu existieren. Der »Hintergrund« *ist* – was so viel heißt wie: Er ist die einzige Wirklichkeit ohne ein Gegenteil, also unbegrenzt und zeitlos. Zeit und Raum *existieren* – aber sie *sind* nicht (wirklich)!

Das »*Ich bin*« der Welle bezieht sich also nicht auf die Wellenform, denn dann wäre das Wissen über Begrenzung. Wissen oder Erkenntnis (um den Begriff aus »*Ein Kurs in Wundern*« zu verwenden) sind jedoch nicht begrenzt, Begrenzung entsteht erst durch Lernen und Wahrnehmung. Was in unserer Metapher ist das Bild für Unbegrenztheit? Richtig, das Meer.

Äh, nein, nicht ganz. Ich werde das Bild nun doch ein wenig überstrapazieren. Denn das Meer ist sicherlich ein wunderbares Symbol für grenzenlose Weite (und auf einem reinen Wasserplaneten wäre das auch der Fall), aber es repräsentiert eine unübersehbare Grenze. An dieser Stelle hören übrigens die üblichen Schilderungen bei Verwendung der Metapher »Welle und Meer« in der Regel auf. Was schade ist.

Das Meer ist ganz offensichtlich durch seine Oberfläche begrenzt. Hier wirken der Wind und andere Kräfte, die nicht zum Meer gehören, und erzeugen damit die Wellen. Um deutlich zu machen, dass die Welle in ihrer Essenz das Meer ist und »in Wirklichkeit« keine Grenzen hat, braucht es diesen Hinweis auf die Oberflächenbegrenzung nicht. Ich will jedoch auf die Aussage in unserem Rahmenkonzept hinaus, dass die WIRKLICHKEIT, das SEIN, die QUELLE, das ABSOLUTE, das EINE, GOTT *kein Gegenteil* hat. Dann gibt es in unserer Metapher auch keine Oberfläche mehr. Und damit – sind keine Wellen möglich!

»Pause! Stopp erst einmal! Mir wird sonst schwindelig!«

Atmen wir an dieser Stelle erst einmal ein wenig durch. Schließlich haben wir versucht, mit Hilfe einer naturgemäß begrenzten Metapher, also einer mehr oder weniger nützlichen und anschaulichen Vorstellung, »Grenzenlosigkeit« und *»Ich bin«* zu veranschaulichen. Vorstellungen gehören aber zur Domäne des *Denkens*, welches Grenzen benötigt, um sich formieren zu können. Mit anderen Worten: Wir haben versucht, mit Hilfe von Symbolen die Freiheit von Symbolen begreiflich zu machen. Es ist sicherlich verständlich, dass dies nur andeutungsweise möglich ist. Aber – *»Ich bin«* ist losgelöst von Symbolen *erfahrbar*, wenn der Verstand es nicht zum »Ding« macht. Dabei können Metaphern als Hilfsmittel dienen.

Die letzte Aussage unserer Metapher setzt dem Ganzen noch die Krone auf: *Wellen sind gar nicht möglich!* Da stellt sich automatisch die Frage: »Wie konnten dann in der Grenzenlosigkeit des Meeres Wellen entstehen, die gar nicht möglich sind?! Oder: Wie kann aus dem grenzenlosen und zeitlosen ›Ich bin‹ ein zeitlich und räumlich begrenztes und deutlich empfundenes individuelles ›Ich‹ werden?«

So sind wir bei der im Rahmenkonzept angesprochenen »winzigen verrückten Idee« angekommen, dem »Urknall«, dem Beginn des »Traums« von den Wellen (um in der Metapher zu bleiben), der konsequenten Antwort auf eine wahnwitzige Frage: »Was ist das Gegenteil von dem, was alles umschließt?«

Also nix wie weg, raus aus dem Schmerz, raus aus der Welt, die nur die Erfahrung einer winzigen verrückten Idee ist, nicht wirklich und das Gegenteil von allem, was WIRKLICH Spaß macht? Interessante Idee, denn wer träumt, wird früher oder später zwangsläufig zur WIRKLICHKEIT und WAHRHEIT, die nie verlassen werden kann, aufwachen. Das geschieht jedoch nicht durch Widerstand, Verleugnung und Rückzug ins

»Glückseligkeitsgefängnis«, sondern mitten in der Welt und durch sie hindurch. Willst du die Schönheit des stillen blauen Himmels erleben, führt dich der Weg direkt durch die Wolken hindurch. Wolken – das ist die gute Nachricht – können dich nicht aufhalten.

Also kommen wir nach dieser Achterbahnfahrt zwischen unserer grenzenlosen Wirklichkeit und der Begrenztheit unseres Denkens zurück zur Praxis, die erlernte Welt als *Mittel*, nicht als *Zweck* zu verwenden – aber gehen wir nun etwas sanfter vor.

Wie beginnt der letzte Absatz in unserem Rahmenkonzept? *Schau dich doch mal um und staune über das scheinbare Ergebnis deiner Lernfähigkeit.* Und dann versuche mal, wie wir das im ersten Kapitel auch getan haben, ohne Widerstand hinzuschauen: Denn diese Wolken, diesen Traum der Welt, deine »*Realität*« kannst du auf zwei Arten verwenden: als Ausdruck von Angst und Schmerz (was du nicht bist) oder als Ausdruck der LIEBE (die du BIST). Oder ziehst du es vor, zu glauben, die WIRKLICHKEIT, das SEIN, die QUELLE, das ABSOLUTE, das EINE oder GOTT könnte etwas anderes als LIEBE sein?

Probieren wir es einfach noch einmal aus. Aber diesmal greifen wir dazu nicht tief in den vermeintlichen »Sumpf« des Schmerzes und finden dort vermutlich – nichts, was augenscheinlich auch beim besten Willen als »Ausdruck von Liebe« umgedeutet werden kann. Vorhin hatten wir uns ja bereits weit vorgewagt in dem Versuch, uns dem »Schmerz« ohne Bewertung zuzuwenden, ihn einfach da sein zu lassen wie etwas, das wir uns gerne anschauen. Jetzt geht es darum, die »Wolken« deiner Wahrnehmung als »Ausdruck der Liebe« anzusehen. Und da nehmen wir besser erst einmal eine »schmerzfreie« Wolke, einverstanden?

Mache es dir zuerst bequem. Klar, vermutlich befindest du dich in deiner bevorzugten »Buchleseposition«, aber alleine die Intention, die Ausrichtung oder das Bewusstsein, gerichtet auf Entspannung, gibt dem Ganzen noch einen kleinen zusätzlichen »Tick«.

Und nun stelle dir eine einzige Frage:

Wie erlebe ich diesen Moment des Lebendigseins?

Die Vorgehensweise, die ich hier verwende, ist angelehnt an eine Vorgehensweise mit dem schönen Namen »*Actualism*« – beschrieben auf einer etwas »herausfordernden« Webseite von zwei Australiern[6]. Wobei die Autoren Wert darauf legen, dass die oben gestellte Frage *nicht* die *Methode* »*Actualism*« ist, sondern nur zu der Methode hinführt.[7] Die *Methode* ist (mit meinen eigenen Worten beschrieben): »Bemerke in diesem aktuellen Moment die PERFEKTION und SCHÖNHEIT in dem, was du wahrnimmst – in dem, was du siehst, hörst, riechst, schmeckst, denkst, fühlst oder körperlich empfindest.«

Wie erlebe ich diesen Moment des Lebendigseins?

Mache dir zunächst klar, dass genau dieser Moment, der jetzt geschieht, der einzige Moment ist, in dem du lebst. Es gibt keinen anderen. Die Vergangenheit, falls sie tatsächlich geschehen sein sollte, ist jetzt nicht aktuell. Die Zukunft, sollte sie wirklich geschehen, ist jetzt auch nicht aktuell.

---

[6] siehe: *The Actual Freedom Trust Homepage, http://actualfreedom.com.au/default.htm (abgerufen: 09.01.2022)*

[7] siehe: *Ebenda, http://actualfreedom.com.au/ richard/articles/thismomentofbeingalive.htm, (abgerufen: 29.03.2022)*

Ob du gestern, heute Morgen oder vor einer Stunde PERFEKTION oder SCHÖNHEIT erlebt hast, bedeutet nichts, wenn du sie jetzt nicht erlebst. Das erhoffte Erleben von morgen ist Verschwendung des gegenwärtigen Lebensmoments durch Abwarten. Was bekommst du durch Abwarten? Mehr Abwarten.

Der Ausgangspunkt ist immer hier, in diesem Augenblick in der Zeit und an diesem Ort. Hast du ihn dieses Mal verpasst, hast du sofort eine neue Chance. Das Leben ist hervorragend darin, dir solche Gelegenheiten zu bieten.

In Anlehnung an *»Ein Kurs in Wundern«* verändere ich die Frage ein wenig, denn du fragst nach dem einzig möglichen Augenblick deiner »Heilung«:

Wie erlebe ich diesen heiligen Augenblick?

Vielleicht stört dich das Attribut »heilig«. Ist dir das zu »religiös« besetzt? Du könntest die Heilung von der falsch verstandenen Identität mit diesem Wort verbinden oder stattdessen einfach vom »einzigen« oder »heilenden Augenblick« sprechen.

Wie erlebe ich diesen einzigen Augenblick?

Wahrscheinlich verstehst du die Frage unwillkürlich anders. Wohin »schaust« du, wenn du die Frage hörst? Wohin wandert deine Aufmerksamkeit? Prüfst du deine Gefühle? Oder das körperliche Empfinden, dort, wo die Gefühle spürbar werden? Ist da so eine Art Reflex im Sinne von:

Was *erlebe ich in diesem Augenblick?*

Du suchst vermutlich unwillkürlich nach den »Objekten deiner körperlichen Wahrnehmung« als Antwort auf die Frage – um die es aber nicht geht. Das *Wie* steht für uns im Vordergrund, das heißt, wir verwenden wie bereits gesagt die »Welt« als *Mittel* zur Aufhebung der falsch verstandenen Identität, nicht als *Ziel* unserer Bemühungen. Oder genauer gesagt: Nicht die Welt »an sich« ist unser Ziel, denn »dort« gibt es keine Perfektion oder Schönheit. Ich drücke es daher mal ganz präzise aus: Die *Inhalte* des Gewahrseins sind unsere (Hilfs-)Mittel. Also alles das, was du siehst, hörst, schmeckst, riechst, … Oder das, was du körperlich empfindest, was du denkst oder was du fühlst.

Denn das sind die Projektionen des Geistes, des »*Ich bin*«, auf sich selbst als Leinwand. »*Ich bin*« ist zeitlos, weder unendlich noch ewig, eine perfekte Ausdehnung der einen WIRKLICHKEIT.

Also kannst du die Widerspiegelung dieser PERFEKTION auch in seinen Projektionen wahrnehmen. Falls du dich nicht anders entscheidest.

Welche Art der Wahrnehmung oder welchen Inhalt des Gewahrseins du verwendest, ist nicht entscheidend. Beginnen wir naheliegenderweise mit dem Sehen.

Ich möchte es noch einmal wiederholen: Entspann dich, es geht nicht um geistigen Leistungssport. Da ist kein Müssen, kein Sollen, kein Dürfen oder Nicht-Dürfen. Du hast kein Leistungsziel.

Du kannst als Einstieg beispielsweise einen Alltagsgegenstand in deiner unmittelbaren Umgebung wählen. Lasse dazu deinen Blick durch den Raum schweifen, aber versuche zunächst nicht, an irgendeinem »Objekt« hängen zu bleiben. Stell dir einen Schmetterling vor, der durch ein Blumenfeld schwebt – ohne eine bestimmte Blume anzusteuern. Oder betrachte die »Dinge« wie aus den Augenwinkeln, also ohne sie zu fixieren.

Nach einer Weile lass deinen Blick von einem Gegenstand »gefangen« werden. Das kann ein Bild, eine Lampe, eine Blume, ein Baum, ein Tier oder ein anderer beliebiger »Gegenstand« sein.

Alternativ könntest du bewusst etwas wählen, das du unmittelbar mit einem Empfinden von Schönheit oder Perfektion verbinden kannst. Auch hier ist es nicht von Bedeutung, welcher deiner »Sinne« dir dieses »*Etwas* der Perfektion und Schönheit« liefern soll. Der Einfachheit halber schlage ich dir vor, was ich selbst seinerzeit als Einstieg genommen habe: Wolken. Genauer: Ein Wolkenvideo auf Youtube hatte mich eine ganze Weile täglich begleitet.

Damit du das Buch jetzt nicht zur Seite legen musst, um erst einmal im Internet zu suchen, füge ich hier als Beispiel oder für unterwegs, z.B. bei einer Expedition durch den Dschungel von Borneo ohne Internetzugang, ein Wolkenbild ein.[8]

---

[8] *Nutzer FelixMittermeier auf pixabay.com*

Ob du nun deinen gefundenen »Alltagsgegenstand« verwendest (der Dschungel von Borneo
bietet da mehr als Youtube) oder dieses Wolkenbild: Sei dir deines Objekts bewusst und sei dabei
besonders achtsam. Betrachte es und konzentriere
dich insbesondere auf die Details. Entwickle ein
Gefühl der Wertschätzung, erfreue dich an den
»perfekten« Strukturen. Du möchtest den
Gegenstand deiner Betrachtung in seinem bloßen
Sein erfahren, ohne den Filter von Emotionen,
Geschichten oder anderen »Etiketten«, die du
damit verbindest. Da sind einfach wunderbare
Strukturen, in die du dich vertiefen kannst. Je
mehr Strukturen oder Muster du entdeckst, desto
mehr wachsen die Freude und das Staunen über
die Perfektion im Zusammenspiel der Farben und

Formen – oder der Schattierungen, wenn du das Bild im Buch verwendest.

Sei in einem Zustand sinnlicher Achtsamkeit und nimm alles wahr, was du über den Gegenstand erfahren kannst; Formen, Strukturen, Muster, verschiedene Größen und Farben (bzw. Schattierungen). Sieh alles, was diese wunderbare Komposition ausmacht. Vielleicht ist da ein unschuldiges Hochgefühl wegen der Schönheit, dem *Sein* an sich. Genieße die Erfahrung als solche. Verweile in der Schönheit, die deinem Gegenstand innewohnt.

Es gibt keine Geschichten, keine Etiketten, keine Assoziationen, nur die Perfektion oder Schönheit dieses Seins. Es mag einen kurzen Moment reinen Gewahrseins geben, einen sanft fließenden Augenblick klaren Erlebens, verwoben mit der Realität und nicht getrennt von ihr.

Nun wende dich dem nächsten Schritt zu: erkunde, *wie* deine Achtsamkeit oder Aufmerksamkeit erfolgt. Das Gewahrsein des gewählten Gegenstands richtet sich nun mehr – auf sich selbst. Du siehst den Gegenstand nicht nur, sondern bemerkst, wie dein Auge die Details aufnimmt, wie »du« (dein Gehirn, dein Geist, dein ...? Das ist vollkommen egal) in jedem Augenblick einen anderen Aspekt, ein anderes Detail hervorhebt. Stelle fest, mit welcher atemberaubenden Geschwindigkeit das vor sich geht. Damit meine ich nicht, dass du bewusst die Aufmerksamkeit von Detail zu Detail wandern lässt, sondern die »Geschwindigkeit«, mit der du beim Betrachten eines Details die vielen unterschiedlichen »Aspekte« des betrachteten Details hervorhebst.

Nun bemerke, dass deine Art zu sehen, das Sammeln an Informationen, die rasend schnelle Aufnahme der unterschiedlichsten Aspekte den Gegenstand als ein zusammenhängendes Gebilde erscheinen lassen – das es jedoch so nicht »gibt«! Es »*ist*« nicht, sondern du konstruierst sozusagen seine Existenz aus den unterschiedlichen Aspekten des Sehens als »zusammenhängendes Gebilde«. Mache dir klar, dass du eine Illusion von zusammenhängender Beständigkeit erzeugst – die es in Wirklichkeit gar nicht gibt!

Lass mich bitte eine Analogie benutzen: Wenn du das Wolkenbild auf einem Bildschirm betrachtest, siehst du letztlich keine Wolken, sondern »Pixelschnee«: Eine Ansammlung von unterschiedlichen Farbpunkten verschiedener Helligkeit, die du als »Wolken« erkennst. Du »machst« etwas aus dem Pixelschnee.

Im weitesten Sinne ähnlich bildest du aus den unterschiedlichen Aspekten deiner Sinneswahrnehmung beispielsweise »Wolken«: Du hast ein Symbol oder einen Namen gelernt und verwendest ihn, um »Wolken« aus der »Einheit des Sehens« herauszumeißeln. Du siehst sozusagen die Vergangenheit, deine erlernten und in dein gegenwärtiges Sehen mitgebrachten Vorgaben! Du siehst nicht, was da ist. »Du möchtest den Gegenstand deiner Betrachtung in seinem bloßen *Sein* erfahren«, hatte ich anfangs gesagt. Da geht es nicht mehr um den spezifischen Gegenstand, sondern um die reine ungefilterte Erfahrung, einen Moment des reinen Bewusstseins, in dem die Dinge »sie selbst« sind.

Das beschränkt sich natürlich nicht auf den von dir gewählten Gegenstand oder das Wolkenbild, aber das brauche ich dir nicht zu sagen. Das beschränkt sich auch nicht auf besonders geeignete Bilder, Videos oder Audios, die du auf Grund ihrer »Schönheit« im Internet findest oder beim Gang durch die Natur. Es hat durchaus Vorteile, die Vorgehensweise mit diesen »besonderen« Gegenständen zu trainieren, wobei es sinnvoll ist, sich auf einen Aspekt zu konzentrieren: Also optische Eindrücke (ohne Musik oder Geräusche), akustische »Gegenstände« wie Musik oder Geräusche (vorzugsweise mit geschlossenen Augen) oder Dinge, die du betasten kannst. Ein paar Anregungen möchten wir dir auf unserer Internetseite geben.[9] Diese »Besonderheiten« lassen sich wunderbar in den »Auszeiten« verwenden, also in den täglichen Meditationen, indem du beispielsweise eine halbe Stunde des Tages mal mit Bildern oder Videos, mal mit Tönen oder Musik, mal mit Gegenständen, die du berührst oder ertastest, mal mit den übrigen Sinnesorganen das unbeschreibliche Wohlbefinden der reinen Erfahrung genießt.

Die Auszeiten sollten aber nicht im Vordergrund stehen. Wir streben ja eine Veränderung der Sichtweise an, die auch auf »Schmerz« angewendet werden kann – und der schmerzt eben nicht

---

[9] *Siehe https://spirituelles-willkommen.de/unsere-buecher/und-wohin-mit-dem-schmerz/ressourcen/*

unbedingt während der Auszeiten. Betrachte einmal das Bild *Chaos*.[10]

Verwendest du es wie das Wolkenbild, wirst du verstehen, dass du die Schönheit und Perfektion in deiner täglichen Erfahrung finden kannst, beim Fahren mit dem überfüllten Bus, beim Bezahlen deiner Rechnungen oder beim Sortieren deiner Wäscheberge vor dem Waschen.

Wie erlebe ich diesen heiligen Augenblick?

Selbst das Ausräumen des Geschirrs aus der Spülmaschine wird nahezu zwangsläufig zu einem Ausdruck bezaubernder Spiritualität. Eines meiner wenigen Vorbilder, die einen Platz in

---

[10] *Nutzer webandi auf pixabay.com*

meiner persönlichen *Spirit Hall of Fame* gefunden haben, ist eine Servicedame, die morgens während der Kaffeepause in der Firma, in der ich tätig war, den Geschirrspüler ausgeräumt hat. Ich hätte ihrer unaufdringlichen Präsenz der reinen Tätigkeit, ohne den Filter des Denkens oder Fühlens, stundenlang zuschauen können. Das war die magische Entfaltung von Lebendigkeit.

Jetzt aber Hand aufs Herz: Das funktioniert auch mit dem Schmerz? In der Tat, es gibt nichts, womit es nicht »funktioniert« – was immer da funktionieren soll. Auch der Schmerz kann zum Gegenstand einer solchen Betrachtung und eines solchen Erlebens werden. Darum habe ich dir diese Betrachtungsweise vorgestellt! Aber es wird Übung brauchen, die »Perfektion« im Schmerz zu sehen. Schließe den Schmerz nicht aus dieser ungewöhnlichen Perspektive aus! Und bekämpfe dich vor allem nicht selbst, mache es nicht zum »Erfahrungszwang«.

Ein Kurs in Wundern « nennt diese Sichtweise »wahre Schau«, »natürliche Wahrnehmung der spirituellen Sicht« oder »Mittel der richtigen Wahrnehmung«. »Wahre Wahrnehmung« ist nicht die WAHRHEIT oder WIRKLICHKEIT, aber es ist die Widerspiegelung der WIRKLICHKEIT, solange Wahrnehmung existiert. Denn die WIRKLICHKEIT kann nur *erkannt*, aber nicht wahrgenommen werden.[11]

Vielleicht kannst du jetzt den Hauch einer Ahnung erleben bei der Aussage, dass die Welt – ohne alle Etiketten und Geschichten – Ausdruck tätiger LIEBE ist. Und darin ist dein Schmerz definitiv inbegriffen!

---

[11] *Vgl. Kurs 2019, Textbuch, Kapitel 3, Abschnitt III, Absatz 4*

Kapitel 3

Was ist mit dem Schmerz des Bruders?

Bisher stand *dein* Schmerz im Vordergrund, *deine* Wahrnehmung, *deine* Identifikation, *deine* Welt und *deine* Erfahrung der Schönheit und Perfektion aus – nein, nicht *deinem* – »*Ich bin*« heraus. Die Antwort auf die Frage »Wohin mit *deinem* Schmerz?« tauchte vor dir auf.

Auf dem dargestellten Weg der neugierigen Aufgeschlossenheit und Freude kannst du eine Vielzahl an überraschenden Erfahrungen machen. Alles, sogar der Schmerz, kann als *Mittel* für ein tiefgreifendes Erleben von Weite und Freiheit des reinen Gewahrseins dienen – wenn du »die Dinge« nicht als *Ziel* verwendest. In einem einfachen Beispiel ausgedrückt: Ein Sonnenuntergang ist ein gern genutztes Mittel für das kurze Erleben von Schönheit. Wird der Sonnenuntergang zum ausschlaggebenden (Urlaubs-)Ziel, weil du glaubst, er sei notwendig, um Schönheit erleben zu können (was eine normale Motivation ist), werden diese »phantastischen Sonnenuntergänge« zum Ziel und du suchst die Schönheit an der falschen Stelle. Denn die Schönheit kommt aus der QUELLE des »*Ich bin*«, nicht vom Sonnenuntergang.

Wenn du also den »Auslöser« der empfundenen Schönheit nicht in den »Dingen« suchst, können auch tiefe Gefühle von Glückseligkeit und Liebe auftreten, bis hin zu einem dauerhaften »Zustand« grundsätzlichen Wohlbefindens, losgelöst von mehr oder weniger flüchtigen Emotionen und Affekten. Da liegt es nahe, dies alles als »*Ankommen*« anzusehen: Nenne es Erwachen, Erleuchtung, Gipfelerlebnis, wahre Wahrnehmung, Vereinigung mit Gott, Selbstverwirklichung, grundsätzliches Wohlbefinden oder *actualism* (s. Kapitel 2) – ganz nach deinem weltanschaulichen, religiösen oder spirituellen Kontext.

Das »Ankommen« hat jedoch nichts mit diesen wunderbaren Erfahrungen zu tun. Oder, präziser ausgedrückt, »Ankommen« ist nicht gleichzusetzen mit besonderen Erfahrungen! Diese Aussage möchte ich betonen, denn »die Reise ohne

Entfernung«[12] führt zu diesen und weiteren Erfahrungen, aber »Ankommen« ist kein spezieller, veränderter Bewusstseinszustand. *»Ich bin«* *ist* nicht Glückseligkeit, Liebe, Freiheit, Geborgenheit, Stille oder ... sondern spiegelt sich lediglich in diesen Formen im Bewusstsein wider. Und losgelöst von allen Formen drückt es sich als eine *universelle nicht-symbolische Erfahrung* aus, also als »reine« Erfahrung ohne »Formen« als Ursache. Bleibe also nicht auf halbem Wege im »Glückseligkeitsgefängnis« stehen, sondern mach dich auf zum nächsten Schritt.

Diesen nächsten Schritt verbinde ich mit unserem Buchthema »Schmerz«, indem ich es nur ein ganz klein wenig variiere: »Wohin mit dem Schmerz des Bruders?«

*

Bruder? Die Bezeichnung ist dir vermutlich bereits im Titel aufgefallen. Das war mal Michaels Idee bei unserem Erstlingswerk. Seitdem »brüdert« es in allen Titeln. Na ja, dies ist ja erst unser dritter Titel, aber gemäß der Regel *»Einmal ist*

---

[12] *Kurs 2019, Textbuch, Kapitel 8, Abschnitt VI, Absatz 9*

keinmal, zweimal ist immer!« werden wir das vermutlich beibehalten. Das nennt man dann »Marke«, glaube ich.

Inhaltlich ist der »Bruder« weitestgehend im Sinne von *»Ein Kurs in Wundern«*, gemeint. Der wiederum leitet sich ursprünglich vom »Bruder« im biblischen Sinne ab, obwohl der »Kurs« nicht wirklich mit der Bibel kompatibel ist. Nun kommt »Bruder« in der Bibel über 300 Mal vor, aber in den meisten Fällen ist es der »herkömmliche« Bruder wie Kain, der Bruder von Abel. Was wir jedoch meinen, drückt sich beispielsweise in dieser Bibelstelle aus:

> *Was siehst du den Splitter in deines Bruders Auge, aber den Balken im eigenen Auge nimmst du nicht wahr? Wie kannst du sagen zu deinem Bruder: Halt still, Bruder, ich will dir den Splitter aus deinem Auge ziehen, und du siehst selbst nicht den Balken in deinem Auge? Du Heuchler, zieh zuerst den Balken aus deinem Auge, danach kannst du sehen und den*

Splitter aus deines Bruders Auge ziehen.[13]

Der Begriff »Bruder« ist hier geschlechtsneutral. Und genau so verstehen und verwenden wir ihn auch. In unserem Rahmenkonzept ist der Begriff deutlich weiter gefasst, denn es beruht ja großteils auf *»Ein Kurs in Wundern«*. In dem Konzept kommt der »Bruder« als Begriff zwar nicht vor, ist aber letztlich gleichbedeutend mit der dort beschriebenen SCHÖPFUNG.

Damit wird der »Bruder« für uns zum Symbol für *jedes* Lebewesen – mit den Augen der Welt betrachtet. Wir mögen das gelegentlich auch etwas abstrakter: Er ist ein Symbol für den *wahrgenommenen* »fremden Willen«. Das hat also etwas mit »Gegensätzlichkeit« und »Trennung« oder »Abgrenzung«, »Angriff« oder »Opfer« zu tun. Spätestens hier wird möglicherweise deutlich, warum es nicht hilfreich ist, von »Schwestern und Brüdern« zu sprechen, denn bei unserer weitgefassten Bedeutung des Begriffs »Bruder« käme das einer extremen Einengung gleich, da das

---

[13] *Lutherbibel 2017, Lukas 6, 41 - 42*

91

Geschlecht in diesem Zusammenhang keinen Sinn ergibt.

*

Kehren wir noch einmal zurück zu dem Gespür, dem unmittelbaren Wissen des »*Ich bin*«. Wenn du bei geschlossenen Augen dein »Da-Sein« erkennst – und jetzt werden Worte etwas schwierig, es müsste heißen *das* »Da-Sein« – kannst du bestimmt auch feststellen, dass du in keiner »Richtung« irgendeine Begrenzung findest.

Probiere es bitte aus und folge nicht einfach meinen Worten, sondern der *Erfahrung*.

Wenn du nun die Augen öffnest – dann sind da »Bilder«, mit denen wir uns stellvertretend für alle Sinnesobjekte im letzten Kapitel befasst haben, um erstaunliche Perfektion und Schönheit festzustellen. Versuche bitte, dich unbeeinflusst von den »Dingen« umzuschauen. Abstrakt gesprochen ist da ein »Feld von optischen Eindrücken«. Du erinnerst dich? Ich sprach in Analogie zu einem Bildschirm von »Pixelschnee«, aus dem du nicht wirklich vorhandene Zusammenhänge im Sinne des *Da-Seins* »herausmeißelst«.

Ohne die Beschränkung auf optische Eindrücke lässt sich sagen: Da ist eine Art »Feld von Erfahrungen«. Nimm dir einen kurzen Moment Zeit, um dieser Abstraktion nachzuspüren: Ein Feld von visuellen, auditiven, olfaktorischen, gustatorischen und taktilen Wahrnehmungen (also Sehen, Hören, Riechen, Schmecken und Tasten), dazu die Wahrnehmung kognitiver und emotionaler Prozesse (Wahrnehmung von Denkprozessen und Gefühlen) sowie die physiologischen Wahrnehmungen (körperliches Empfinden). Das ist das gesamte Feld deiner Erfahrungen. Das ist *deine Welt.*

Nun schließe bitte noch einmal die Augen und stelle fest: Alle gegenwärtigen Erfahrungen sind »hier«. Nicht »dort«. Es gibt kein »dort«, denn du erfährst nur »hier«, also genau »da«, wo das Gewahrsein oder Bewusstsein ist. Dieses »hier« hat jedoch keinen örtlichen Bezug, darum gibt es kein »dort«. »Hier« ist überall. Daran ändert sich nichts, wenn du die Augen öffnest und dir der zusätzlichen visuellen Erfahrungen bewusst wirst.

Du bist auch nicht in der Lage, irgendeine genaue Grenze zwischen den »einzelnen Erfahrungen«

zu ziehen, oder? Das ist der Grund, warum ich vom »Feld der Erfahrungen« spreche.

Versuche bitte, das nachzuspüren und nicht nur intellektuell zu erfassen. Ich rede hier nicht über Konzepte.

Einen Schritt brauchen wir noch: Kannst du eine Grenzlinie ziehen zwischen dem »Feld der Erfahrungen« und dem »*Ich bin*«? Gibt es da eine genau definierte Grenze zwischen dem Gewahrsein und den Erfahrungen? Alle Erfahrungen befinden sich »hier«, hatte ich gesagt. »*Ich bin*« befindet sich zweifellos ebenfalls »hier«. Und »hier« ist vermutlich auch eine Art von Empfinden, dass da irgendwie eine Grenze zwischen den »Dingen da draußen« und »mir« existiert. Dieses *wahrgenommene Empfinden* ist auch »hier«.

Aber da ist keine Trennlinie!

Wenn du also »dich« und alle Erfahrungen nur »hier« findest und wenn da in welcher Richtung auch immer keine Grenze ist und wenn es keine Trennlinie gibt zwischen dem Gewahrsein »hier« und dem »Feld der Erfahrungen«, könntest du zu eine naheliegenden glorreichen »Erkenntnis«

kommen: »Die Welt existiert nur in meinem Geist! Ich bin das Einzige, was existiert!«

Welchen Grund sollte es daher geben, in der Welt Verantwortung zu übernehmen und daraufhin tätig zu werden? Klimawandel? Geschenkt. Die Pandemie? Welche Pandemie? Was kümmert dich »irgendjemand anderes« mit »seinem Schmerz«, wenn dein Bruder nur eine Figur in deinem Gewahrsein ist – nichts Besonderes und völlig ohne Bedeutung. »*Ich bin* das Zentrum des Universums!«, sagst du.

Es wird Zeit, mal wieder die Metapher aus dem vorherigen Kapitel hervorzukramen, du erinnerst dich, das Meer mit seinen Wellen. Übertragen auf diese Metapher bedeutete eine solche Auffassung: Eine Welle machte »hier« die Erfahrung der Grenzenlosigkeit und der Einheit von Gewahrsein und den »Erscheinungen« in diesem Gewahrsein. Dazu käme begleitend ein mehr oder weniger ausgeprägtes Empfinden von grundsätzlichem Wohlbefinden ohne konkrete Ursache. Und so sagte sich die Welle, sie sei das Einzige, was existiere, alle anderen Wellen seien Erfahrungen in ihrem Geist, ihre ganze wahrgenommene »Wellenwelt« eingeschlossen.

In der Philosophie nennt man das »Solipsismus«. Und in der Tat, es gibt keine Möglichkeit zu *beweisen*, dass die Vorstellung, nur ich würde existieren und außerhalb von mir bzw. meinem Bewusstsein könne es nichts geben, falsch ist! Also *könnte* ich folgern, es gebe für mich auch keinerlei Regeln und Gesetze, die irgendeine Bedeutung für mich haben, da die Welt ja nur in meinem Geist sei. Dazu fällt mir die Aussage des österreichischen Zoologen Rupert Riedl ein, der in einem Buch schrieb: »Ich bin persönlich überzeugt, dass ich einen ganzen Solipsistenkongreß mit einem entkommenen wilden Nashorn in die Flucht treiben könnte.«[14]

Du merkst sicherlich, dass ich kein Freund solipsistischer Folgerungen bin und die besagte Metapher entschieden anders verwende: Die Welt mag eine Erfahrung in meinem individuellen »Wellengeist« sein, aber das trifft für *alle Wellen* zu. Da alle Wellen in der Essenz »das Meer« sind, ist auch das *»Ich bin«* nichts Persönliches, sondern die Widerspiegelung der »EINEN QUELLE« jeder Welle.

---

[14] *Rupert Riedl: »Kultur: Spätzündung der Evolution?«, München: Piper 1987, S. 77*

In »*Ein Kurs in Wundern*« steht in einem Abschnitt, dass sich die »privaten Welten« tatsächlich unterscheiden.[15] Das ist nicht verwunderlich, denn zwei Brüder sehen alleine aus perspektivischen Gründen unterschiedliche Welten. Dort steht aber auch, dass jeder seine Welt mit Gestalten versieht, die niemals wirklich waren. Deine Beziehungen und deine Kommunikation beruhen auf nicht existenten schattenhaften Gestalten, – die dir sogar Antwort geben!

> *Du siehst, was nicht vorhanden ist, und hörst, was kein Geräusch erzeugt. Deine Äußerungen von Gefühlen sind das Gegenteil dessen, was die Gefühle selber sind. Du kommunizierst mit niemandem und bist genauso isoliert von der Wirklichkeit, als wärest du allein im ganzen Universum.[16]*

Klingt wenig erbaulich. Und vielleicht kannst du nachempfinden, warum ich so viel Wert auf den *unpersönlichen Charakter* des »*Ich bin*« lege: Die

---

[15] *Vgl. Kurs 2019, Textbuch, Kapitel 13, Abschnitt V, Absatz 2*
[16] *Ebenda, Absatz 6*

Erfahrung des »*Ich bin*« mit seinen teilweise überwältigenden Begleiterscheinungen stößt auf ein klitzekleines Hindernis. Du kannst relativ einfach die Welt als Ausdruck tätiger LIEBE, Schönheit und Perfektion wahrnehmen sowie den stillen und friedlichen »Ort« im unberührbaren Zentrum des vermeintlichen Sturms der Welt finden. Aber wo ist dein Bruder? Er ist eben *keine* dieser Gestalten, mit denen du deine Welt bevölkerst, er ist *keiner* dieser *Körper* – die du erfunden hast. Daher ist die Wahrnehmung der Perfektion und der Schönheit dieser *Gestalten* nicht der ganze Weg, deinen Bruder und damit dich selbst zu erkennen!

Das ist der Grund, warum der Weg noch nicht im »Ankommen« mündet, die Reise noch nicht zu Ende ist. Der Weg nach »innen« mit der Erfahrung des »*Ich bin*« ist gut geeignet, um deinen Schmerz in einem anderen Licht zu sehen und die zugrundeliegende Identifikation aufzuweichen oder gar aufzuheben. Aber erinnere dich bitte an das Ende der Metapher, an die Aussage, dass das Meer nicht nur grenzenlos ist, sondern letztlich auch keine Oberfläche und damit kein Gegenteil haben kann. Wellen sind unmöglich!

Wo ist dein Bruder?

Um die Metapher ein letztes Mal zu bemühen: DA, wo das Meer IST, DA, wo du auch BIST, jenseits der Wahrnehmung. »*Ich bin*« ist die Widerspiegelung dieser Tatsache im Bewusstsein. Das Meer an sich entzieht sich der Wahrnehmung, ist also dem Bewusstsein nicht zugänglich.

Das Meer kennt keinen Schmerz, keine Körper, keine Gegensätze, keine Anfänge und Enden, keine Zeit und keinen Graben zwischen dir und deinen Brüdern. Es liegt jenseits deines »Ankommens«, jenseits aller Gedanken, Gefühle und Empfindungen, jenseits der Erfahrung des »*Ich bin*«. Verlassen wir damit die Metapher und wenden uns dieser geheimnisvollen allumfassenden Präsenz von tiefer Weisheit und Klarheit zu, für die das Meer symbolisch steht, die keinen Namen hat und sich der Wahrnehmung entzieht.

Wie gehe ich mit den Schmerzen meines Bruders um?

Lerne, von dem stillen und friedlichen »Ort« im unberührbaren Zentrum des vermeintlichen Sturms der Welt aus, *in der Welt aktiv* zu sein. Dann ist deine fragende Haltung: Was ist die hilfreichste Antwort, die ich in diesem Moment meinem Bruder geben sollte? Was ist die Antwort, die meinen Bruder und mich von den allgegenwärtigen Mustern befreit, die vom Schmerz bestimmt werden? Was ist das Beste in dieser Situation für *alle* Beteiligten?

Und dann lerne, der allumfassenden Präsenz und ihrer tiefen Weisheit und Klarheit zu vertrauen. Kannst du dir voller Vertrauen einfach erlauben, mit »leeren Händen« da zu stehen, um in dieser aktuellen Situation gemeinsam etwas Geheimnisvolles und Tiefgründiges zu entdecken?

»Ah, völlig klar, ich muss einfach nur dem Universum vertrauen«, wirst du vielleicht sagen. Oder: »Ich muss einfach Gott vertrauen, er wird es richten«.

Das ergäbe nicht wirklich viel Sinn.

Du vertraust darauf, dass eine »äußere Kraft« sich schon um die Dinge kümmern wird? Du hörst einfach auf zu planen, Verantwortung zu übernehmen oder zu versuchen, etwas zu erreichen, weil dann eine äußere hoffentlich wohlwollende Kraft schon irgendwie einspringen und sich darum kümmern wird?

Nein, denn du lehnst dich nicht zurück und wartest in tiefem Schweigen auf die Eingebung von höherer Warte. Bleibe einfach bei dem, was dir ein Zen-Meister raten würde:

Ein Schüler fragte seinen Meister: »Was tun alle diese Buddhas und Bodhisattvas?« Anders ausgedrückt: Was ist das Besondere, was Erleuchtete oder Erwachte den ganzen Tag tun?

»Angemessen reagieren«, antwortete der Meister.

Da ist nichts, was man *besonders* nennen könnte. Plane also weiterhin voraus, wo du Verantwortung übernommen hast und daher kontrollieren und lenken must. Und wenn du der Ansicht bist, dem Bruder mit Schmerzen zu erzählen, was dir bei deinen Schmerzen geholfen hat oder empfiehlst, diese oder jene Vorgehensweise auszuprobieren, die du gelesen hast, dann gibt es keinen Grund, das zu unterlassen, um zuerst auf die »weise Antwort« der allumfassenden Präsenz zu warten.

Denn dieses essenzielle Vertrauen ist viel tiefgründiger: Es bedeutet, an den Rand zu gehen und alles loszulassen, all deine Gewissheit, all dein Wissen, all dein Bedürfnis, das Leben zu kontrollieren. Und dann ist da in der Tat etwas Geheimnisvolles und Tiefgründiges, eine Weisheit und Klarheit, der du die Kontrolle übergeben kannst. Die sich in deinen Handlungen in der Welt zum Ausdruck bringt, ohne dass *du* irgendetwas unterlässt oder zulässt. Mach *dich* nicht besonders, weil du glaubst zu wissen, wie diese Präsenz »funktioniert« oder wie *du* im Sinne dieser Präsenz »zu funktionieren« hast.

Das »Ankommen« ist nicht deine Angelegenheit. Also lasse dich lehren, wie du handelst, ohne zu handeln, also ohne dich einzumischen. Und ohne dich zurückzulehnen, um auf irgendwelche »höheren Eingaben« zu warten.

Und dein Schmerz? Kann es sein, dass er dir in dieser Geisteshaltung verloren gegangen ist?

Teil II

Michael

Aber die Liebe macht alles Ihr gleich

Kapitel 1

Phönix aus der Asche

Er war nicht zu Hause gewesen, als der Anruf gekommen war. Gut zwanzig Minuten hatte er gebraucht für die Fahrt zurück zum Eppendorfer Baum, die Straße war abgesperrt gewesen, wo hatte er jetzt eigentlich den Wagen geparkt? Das müsste er doch ... gerade eben hatte er ihn abgestellt ... unwichtig, total unwichtig! Es war offensichtlich möglich, zwanzig Minuten lang nichts zu denken, das war ihm neu. Er hatte die Zeit seit dem Anruf mit Nichtdenken überbrückt, und die untrüglichen Zeichen am wolkenlosen Sonntagshimmel ignoriert, die ihm die Nachricht der Katastrophe so anschaulich hatten illustrieren wollen. Jetzt erst, als er sich zu Fuß – jeden Schritt musste er fast mit Gewalt vor den anderen setzen – der bizarren Szene näherte, die sich ihm da bot, schien sein Denken wieder einzusetzen: ›Wo soll ich mich melden?‹ ... Da vorne standen zwei Polizisten, da würde er hingehen. Jens vermied es, nach oben zu schauen, das würde er gleich tun, gleich, erst musste er sich melden! ›Mein Name ist Jens Gruber, mir gehört die Wohnung. Mein Name ist Jens ...‹ – all die Leute, hunderte ›Schaulustige‹, das Wort kam ihm seltsam vor, und die Straße voller .... ›das sind mindestens‹ ... Jens begann, die Einsatzwagen der Feuerwehr zu zählen, während er auf die Polizisten zuging, die dem Haus am nächsten standen. Unmittelbar, bevor er sie erreichte, zog es ihm jedoch förmlich den Kopf in den Nacken, wie unter Zwang schaute er nach oben und blieb wie angewurzelt stehen:

Meterhohe Flammen schlugen aus sämtlichen Fenstern seiner Wohnung im obersten Stockwerk und krallten sich in das Dach des sechsstöckigen Wohnhauses, schmolzen es ein, rissen nieder, was sein Zuhause so lange geschützt und abgeschirmt hatte. Von innen her griffen sie sich die Holzkonstruktion des ausgebauten Dachstuhls und sprengten die Ziegeln erbarmungslos auseinander, rasend in ihrer vernichtenden Hitze und gleichzeitig ganz ruhig in der Gewissheit, dass ihnen nichts entkommen werde. Durch die Fenster sah man Teile der Decke herabstürzen. Da, eines seiner Bücherregale! – er meinte es brechen zu sehen. Dichter, tiefschwarzer Rauch stieg auf und verdunkelte den Himmel, für dessen Licht es kein Durchkommen mehr zu geben schien. In diesem Anblick lag nicht einmal der Schimmer einer Hoffnung, dass hier noch irgendetwas zu retten war. Da oben verbrannte sein Leben, in diesem Inferno sah Jens sich selbst vergehen, und für einen Moment blickte er mitten in die Hölle einer bodenlosen Angst.

Dann aber fing er sich, zwang sich, den Blick abzuwenden, wieder nach unten, nach vorne zu schauen, setzte sich in Bewegung und ging wie unbeteiligt an den Polizisten vorbei, die ihn bisher nicht bemerkt zu haben schienen. Er machte einen großen Bogen um den Rettungsbus der Feuerwehr, durch dessen Fenster er einige seiner Nachbarn erkennen konnte, und floh in die Anonymität einer Gruppe von Zuschauern, die ihm sämtlich fremd waren. ›Nur fünf Minuten‹, sagte er sich, ›ich geh gleich hin, muss mich ja melden ... fünf Minuten, nur fünf Minuten!‹, und er spürte, wie die Angst wich, so, als habe sie ein Eigenleben und die Macht, ihm diesen Aufschub zu gewähren. Jens wurde selbst zum Zuschauer, konnte sich wohl in die Lage des Wohnungsbesitzers hineinversetzen, aber das war er nicht mehr selbst – er gestattete sich, seine Identität vor sich selbst zu verleugnen, gewiss nur für fünf Minuten!

»Furchtbar, nicht?«, der Mann rechts neben ihm sprach ihn an, »die armen Leute – und das kurz vor dem Winter!«.

»Ja, furchtbar sowas!«, antwortete Jens mit einer bemüht distanzierten Anteilnahme, merkte aber, wie er sich noch keineswegs sicher im Griff hatte, eine ängstliche Frage drängte unaufhaltsam durch seine Maskerade und da hatte er sie auch schon gestellt:

„Ist jemand verletzt?"

Er spürte, wie sich Schweißperlen auf seiner Stirn bildeten und ein Taumeln von ihm Besitz ergriff, was würde er jetzt hören, kam jetzt ... der Todesstoß?

»Nein, verletzt ist Gott sei Dank niemand, sie haben alle rechtzeitig das Haus verlassen können!«

Jens atmete leise auf. Und als würde diese Nachricht die Berechtigung seines Verhaltens bestätigen, entspannte er sich und begann sich geradezu wohlzufühlen in seiner Zuschauerrolle.

Eine ganze Weile stand er so da und sah den Bemühungen der Feuerwehr zu, Herr über die Flammen zu werden und die Nachbarhäuser vor einem Übergreifen des Brandes zu schützen. Es schien ihnen zu gelingen, stellte er in einer jetzt schon fast kritischen Beobachterrolle fest, offensichtlich verstanden die Männer ihre Arbeit. Ab und zu wechselte er ein kommentierendes Wort mit dem einen oder anderen der zahlreichen Passanten, die stehenblieben, um sich an dem Schauspiel zu beteiligen. Wie in einem Traum nahm Jens alles aus sicherer Distanz wahr, blieb in einer Art Autismus vor sich selbst verborgen und überließ das Ende dieses Zustandes seiner inneren Uhr, die ihm wohl sagen würde, wann die fünf Minuten vorbei sein würden.

»Das ist Ihre Wohnung, nicht wahr?«

Sie stand schon eine ganze Weile neben ihm, das hatte er wohl bemerkt. Aber womit hatte er sich verraten? Egal, irgendetwas musste er ihr jetzt antworten. Jens riss sich vom Anblick seiner brennenden Wohnung los und blickte die Frau an, die ihn so unvermittelt angesprochen hatte. Auch in dieser außergewöhnlichen Situation konnte er seinen wie automatisch ablaufenden Mann-Frau-Check nicht zurückhalten: In sein Beuteschema passte sie eindeutig nicht, zu alt, zwischen fünfzig und sechzig, schätzte er, zu klein, etwas Müdes, Erschöpftes umgab sie, und ja, die Frisur! – die war ja schon ein bisschen eigenartig! Als Single mit jahrelanger Übung brauchte er für diesen filternden Blick, welcher gewöhnlich die Koordinaten des weiteren Gesprächs festlegte, nur den Bruchteil einer Sekunde: Seine normale Reaktion wäre sicherlich höflich, aber knapp und distanziert gewesen.

Wie erstaunt fragend, was ihn da wohl von seinem üblichen Muster abbringe, hörte er sich selbst zu, als er sagte: »Oh, das haben Sie bemerkt? Respekt! Also ja, genau, ich bekenne: Sie sehen da gerade mein Hab und Gut in Flammen aufgehen! Ich hab mir hier eine kleine Auszeit genommen, bevor ich mich vor der Polizei oute … werden Sie mich jetzt verpfeifen?«

Es waren ihre Augen, die ihn diese für ihn selbst überraschend ausführliche und offenherzige Antwort hatten geben lassen, ihre Augen, die sich in die seinen senkten, als hätten sie alles gesehen, was ihn ausmachte, als kennten sie jeden Winkel seines Daseins, jedes Detail seiner Geschichte und jeden Abgrund seines Wesens, als sei ihnen das alles lange vertraut. Diese Augen, sie schauten in sein Innerstes und was das Erstaunlichste war: Sie schienen ihre Freude daran zu haben, was sie da sahen!

»Klar, ich werde Sie verraten, ausliefern werde ich Sie! Quatsch, ich hätte das genauso gemacht!«

Jens hätte diese fremde Frau umarmen können ob ihrer Sympathiebekundung, wurde dann aber doch unsicher und fragte nach:

»Kennen wir uns vielleicht? Sie müssen verzeihen« – er deutete mit einer kurzen Kopfbewegung auf das Inferno gegenüber, um seine eventuelle Gedächtnisschwäche vorsorglich zu entschuldigen.

»Ob wir uns kennen? – was für eine Frage!«, antwortete sie, etwas ernster werdend und dennoch mit einem geradezu verschmitzten Lächeln, das er der Situation eigentlich nicht für angemessen hielt.

»Kennen Sie denn sich selbst, kennen Sie Ihre Mutter, kenne ich Sie? Aber um Sie nicht zu verwirren: Nein, wir sind uns wohl bisher noch nicht begegnet, nicht, dass ich wüsste.«

»Sie sind nicht besonders beeindruckt von dieser Situation, oder?« Jens merkte, wie er innerlich etwas von der fremden Frau abrückte, wollte er dieses Gespräch überhaupt? »Ich verliere da gerade alles, was ich habe, alles, was ich bin!«, ein Gran Ärger mischte sich in seinen Tonfall.

»Ja sehen Sie, das täuscht!«, sie war frech wie eine junge Göre, aber zugleich von einer solch unglaublichen Milde umgeben, dass Jens all seine Bedenken gleich wieder aufgab. Ja, er wollte dieses Gespräch, und wie er es wollte!

»Sie wissen wohl alles besser, was?«, versuchte er, sein unerschrockenes Gegenüber zu provozieren, und fuhr mit ernst werdender Miene fort: »Mein Auto habe ich irgendwo da hinten geparkt, das gehört der Firma, alles, was ich besitze – und manches bedeutet mir wirklich sehr viel! – befindet sich da oben, mein Klavier, meine

Bücher, viele Erinnerungen. Und außerdem ...«, Jens senkte den Blick, »außerdem weiß ich ja noch nicht, ob ich schuld bin an dem Brand, hab ich was angelassen, Kaffeemaschine, Herd, was weiß ich, hab ich diese Katastrophe ausgelöst? Ich weiß das ja noch gar nicht! Deshalb vor allem steh ich hier und trau mich nicht weiter. Da vorne in dem Bus! ...« – er warf einen kurzen Blick in Richtung des Rettungsbusses, vor dem man jetzt zwei seiner Nachbarn erkennen konnte, denen man ansah, dass sie sich hastig irgendetwas übergezogen haben mussten, bevor sie fluchtartig das Haus verlassen hatten – »... vielleicht sitzen wegen mir ganze Familien auf der Straße und haben ebenfalls ihre Habe verloren!« Jetzt erst wurde ihm seine Situation wirklich bewusst und die Angst tauchte wieder auf mit der unmissverständlichen Botschaft, dass sie lediglich für eine kleine Weile und nur scheinbar verschwunden gewesen war. Und noch einmal war es, als schaue er ins Innere des Höllenfeuers: Vielleicht war er schuld!

»Irgendwas hat es ausgelöst, Sie werden ja sehen, inwieweit Sie beteiligt waren, absichtlich haben

Sie's ja wohl nicht gemacht! Es ist niemand verletzt, schon gehört?«

Wie beiläufig sprach sie mit ihm, als ginge es um Banalitäten, aber ihre Freundlichkeit umgab ihn inzwischen wie eine schützende Decke, sie hätte sich jetzt alles erlauben können zu sagen.

»Gott sei Dank, ja!«, Jens atmete auf, »... das ist die Hauptsache!«

»Grund zur Freude, finden Sie nicht?«

»Ja ... schon ...«

»Und Dankbarkeit!«

»Es bleibt genug, für das zumindest meine Nachbarn nicht dankbar sein werden!«

»Kennen Sie sie?«, es hatte etwas Erbarmungsloses, wie sie ihn da befragte!

»Wen?« – Jens stöhnte auf.

»Na, ihre Nachbarn!«

»Klar kenne ich ... ja gut, natürlich nicht, ich weiß nicht wirklich, wie sie reagieren werden.«

Jetzt war es plötzlich, als würde die schützende Decke, die ihn eben noch so wohlig umgeben hatte, ein kleines Stückchen weggezogen, so, als bräuchte sie die kleine Frau einen Moment lang für sich selbst:

»Wir legen doch alle ständig Feuer, ohne es eigentlich zu wollen, ist es nicht so?«, sagte sie ein wenig traurig klingend. »Wie oft verletzen wir einander und uns selbst! Unser Pochen auf Schuld, unsere Vorwürfe, unsere Lieblosigkeit lassen doch den Angstbrand zwischen uns erst entstehen! Was meinen Sie? Anstatt uns dafür zu verurteilen, sollten wir einfach hingehen, um einander beim Löschen zu helfen! Gehen Sie nur, und gehen Sie im Vertrauen, Sie werden sehen, es wird auch viel Trost geben für Sie, und wenn man Sie angreift, dann helfen Sie beim Löschen, Sie verstehen das schon richtig, ja?«

Immer noch ging ein wenig Traurigkeit von der Frau aus, einen Moment lang entzog sie sich Jens' Blick, der davon mehr erschrocken war als von dem weiter wütenden Feuer auf der anderen Straßenseite, und wie um sie zu sich zurückzuholen stieß er die hilflose Frage hervor:

»Wie heißen Sie? Mein Name ist Jens Gruber!«

»Anja«, sagte sie nur und schaute ihn wieder mit ihrer entwaffnenden Milde an: »Freut mich, Jens!«

Irgendwie ging diese Frau eine Abkürzung, so kam es Jens vor. Sie hielt sich nicht mit Unwesentlichem auf, als schaue sie auf ein nahes Ziel, von dem sie nicht mehr bezweifelte, dass sie es erreichen werde.

Eine Weile standen sie noch schweigend nebeneinander und sahen, wie die Bemühungen der Feuerwehr zu fruchten begannen: Man sah jetzt nur noch Rauch, keine Flammen mehr. Jens musste sich sehr beherrschen, die Frau neben sich nicht zu berühren. Der Gedanke, dass er jetzt gleich losgehen werde, um sich bei der Polizei zu melden, war ihm leicht geworden dank ihrer Hilfe, dank ihrer Arglosigkeit und ihres Vertrauens, woher auch immer sie das nahm, ganz fasste Jens noch nicht, was hier vor sich ging.

Jetzt aber war sie es, die seinen Arm anstupste: »Hier, nimm das! Da hinten liegt deine halbe Bibliothek auf der Straße, ich hab ein wenig drin herumgewühlt, viel war ja nicht mehr zu erkennen, aber das hier, ich dachte, das bring ich dir mit, das passt so schön! Ist deine Handschrift, oder?«

Jens schluckte seine Fragen hinunter: Sie hatte also angeblich gut fünfzig Meter weiter in den verkohlten Papieren gestöbert, die unaufhörlich aus seiner Wohnung auf die Straße heruntersegelten, und wollte da schon gewusst haben, dass sie ihm begegnen werde? ... Er merkte, wie er seine Frage als störend empfand und nahm das angesengte Blatt neugierig entgegen, das Anja ihm reichte.

»Ja, das ist meine Handschrift«, ›... nix aus der Asche‹, konnte er noch lesen, darunter nur ein paar kryptische Satzteile. »... ›Phönix aus der Asche‹, ja, das ist von mir, tatsächlich, das ist schon gute zehn Jahre her, ich wollte einer erkrankten Freundin ein Buch schenken, aber sie war leider vor meinem Besuch gestorben. Als ich von ihrer Beerdigung kam, war ich sehr erschüttert und schrieb, als ich wieder zuhause war, spontan ein kleines Gedicht in das Buch. Es hatte all die Jahre einen Ehrenplatz in meiner Bibliothek. Aber aufgeschlagen habe ich es seitdem nicht mehr. Ja, das passt nun wirklich!«

Er befreite das Blatt so gut es ging vom Ruß, faltete es zusammen und steckte es in seine Jackentasche.

»Gut, dann habe ich das jetzt für dich aufgeschlagen, mach's gut, Jens, mein Lieber! Und zweifle nicht daran, dass du *nicht* das bist, was da oben verbrennt!« Sie durfte so reden, Jens freute sich so sehr über diese Worte, dass er sie gehen ließ, ohne nach ihrem vollen Namen zu fragen; nicht, weil er sie nicht wiedersehen wollte, sondern ganz im Gegenteil, weil die Möglichkeit, dass er sie nicht wiedersehen könnte, in diesem Moment für ihn nicht existierte.

»Ja, du auch, Anja, und ... danke!«

»Ich danke dir, mein Lieber!«, antwortete sie, und erst jetzt, als sie ging, und er sie gehen ließ, wurde Jens allmählich bewusst, was er die ganze Zeit schon gesehen, auch richtig eingeordnet hatte, was er aber bis jetzt doch nicht vollständig in sein Bewusstsein hatte vordringen lassen: Die seltsame Frisur, wie er das vorhin noch genannt hatte, war zweifellos eine Perücke, und Anjas Erschöpftheit ... Tränen stiegen ihm in die Augen, er wollte ihr schon nachrufen, aber er meinte ihr »Nein« zu sehen ... und in ihm ein alles überstrahlendes »Ja«: Es war alles gut so, alles war gut.

Als Jens abends in seinem Hotelzimmer saß und die Ereignisse noch einmal vor sich ablaufen ließ, fiel ihm die Buchseite wieder ein, die Anja für ihn gefunden hatte. Er griff nach seiner Jacke, holte das angekohlte Papier aus der Tasche und sah der Rußflocke nach, die ganz ruhig auf den Teppichboden segelte, wo sie in einer Zartheit lag, als wolle sie den Teppich nur berühren, keinesfalls aber beschmutzen. Sorgsam faltete er das Blatt auf, dachte einen glücklichen Moment lang an Anja, lehnte sich in seinem Sessel zurück und schlief ein.

Kapitel 2

Unendliche Geduld

*Verlust ist nicht Verlust, wenn er rich-
tig wahrgenommen wird. Schmerz ist
unmöglich [...]*

*[...] Das ist die Wahrheit, die zuerst
nur gesagt, dann viele Male wiederholt wird, um als Nächstes mit vielen
Vorbehalten nur zum Teil als wahr
akzeptiert zu werden. Dann aber
wird sie immer ernstlicher erwogen
und schließlich als die Wahrheit
angenommen werden.*[17]

»Schmerz ist unmöglich« – diese im schönsten
Wortsinn provozierende, unser Verständnis
herausfordernde Aussage ist zwar kaum zu glauben, aber sie ist, wie wir hier hören, »als wahr zu
akzeptieren« und kann schließlich »als die Wahr-

---

[17] *Kurs 2019, Übungsbuch, Lektion 284*

heit angenommen werden«. Sie soll am Anfang unserer gemeinsamen Betrachtung über den Schmerz genauso unkommentiert wie unverbindlich im Raum stehen, lieber Leser, ebenso wie die Frage zunächst unbeantwortet bleiben soll, die dir wahrscheinlich während der Lektüre des »Phönix« gekommen ist: Was hat die Geschichte von Jens und Anja eigentlich mit unserem Thema, dem »Schmerz« zu tun? »Verlust« und »Schmerz« sind sicher nah verwandt, wie der zitierte Satz aus *Ein Kurs in Wundern*« ja auch nahelegt. Aber lassen wir das offen, wir werden sehen!

Ich denke jedenfalls, du wirst wenig Interesse daran haben, von verheißungsvoll klingenden Phrasen erschlagen und von rührseligen Geschichten eingelullt zu werden. Ich gehe mal davon aus – falls beispielsweise eine schmerzende Kniearthrose oder akute Halsschmerzen, chronische Kopfschmerzen oder »der Rücken« dich dazu verleitet haben, unser Buch in die Hand zu nehmen – , dass du weder etwas damit anfangen kannst, dass »der Schmerz unmöglich« sein soll, noch wirst du vermutlich einer netten, zufälligen Begegnung – wie sie Jens erlebt hat – zutrauen, dir deine Schmerzen zu nehmen, auch wenn du vermutlich nicht bezweifeln wirst, dass Mitgefühl und tröstende Worte durchaus hilfreich sein können. Dein Knie tut nun mal weh, die Migräne lässt nicht locker und der Rücken ... vielleicht hast du dich sogar schon an seine schmerzenden Kommentare auf all deine Bewegungen gewöhnt. Schmerzen lassen wenig Zweifel daran, dass wir unser Hiersein in der Welt nur sehr bedingt nach unseren Wünschen gestalten können. Weder heilige Visionen einer schmerzfreien Wahrheit noch unsere freundlichsten Absichten, über Schmerzen hinwegzutrösten, werden ihre schiere Existenz leugnen können.

*

Lass uns also gemeinsam in der behutsamen Neubetrachtung des Schmerzes, die wir dennoch hier versuchen wollen, tief Luft holen und die Geduld aufbringen, die uns »*Ein Kurs in Wundern*« ans Herz legt und von der er Erstaunliches sagt:

Jetzt musst du lernen, dass nur unendliche Geduld sofortige Wirkungen zeitigt.[18]

Wenn wir eine geistige Dimension von »Schmerz« ernstlich ins Auge fassen und die Frage wahrhaftig beantworten wollen, wo wir in einer solchen Betrachtung seinen eigentlichen »Stachel« orten und natürlich vor allem, ob und wie wir ihn entfernen können, um die Wunde, die Quelle des Schmerzes, für ihre Heilung empfänglich werden zu lassen, dann ist es ratsam, als ehrliche Anfänger zu beginnen: Mitten im Wirkungsfeld der beeindruckenden Überzeugungskraft des Schmerzes, der uns oft ratlos und ohnmächtig werden lässt, wird nicht mehr von uns erbeten, als einen »Hauch von Vertrauen« aufzubringen bei dem Gedanken, dass allein unsere Geduld mit uns selbst und einem »heilsamen« Blick auf den Schmerz sofortige, erfahrbare Wirkungen mit sich bringen wird. Die »Beweise«, dass dieses Vertrauen nicht gerechtfertigt sei, werden Legion sein, und wir werden oft genug

---

[18] *Kurs 2019, Textbuch, Kapitel 5, Abschnitt VI, Absatz 12*

der Versuchung begegnen, unsere Einwilligung in die Ausweitung unserer Geduld zu kündigen.

Dieser »Hauch von Vertrauen« ist freilich notwendig, um die Reise in die Freiheit vom Schmerz beginnen zu können, und – das ist die wirklich gute Nachricht – er ist ausreichend.

In diesem »Anfangsvertrauen« werden wir gebeten, unsere Geduld »unendlich« sein zu lassen, und das bedeutet zunächst lediglich die Einwilligung in einen Prozess des Lernens und Umdenkens und ein Abschiednehmen von blockierenden Gewohnheiten, ohne diesem Prozess selbst ein »Ende« setzen zu wollen. Dieses Lernen, das eher ein Verlernen ist, beginnt schon bei der Sprache: Den Begriff der »Überzeugung« beispielsweise, den wir oben im Zusammenhang mit der »Überzeugungskraft« gebraucht haben, werden wir höchstwahrscheinlich sehr viel eher mit der eindrucksvollen Wirklichkeit des Schmerzes als mit den fraglichen Auswirkungen einer »unendlichen Geduld« gewohnt sein, zu verbinden. Der Begriff der »Überzeugung« soll uns durch den gesamten Text begleiten und wir werden sehen, ob er sich allmählich verwandeln und am Ende für uns eine tiefere, umfassendere Bedeutung haben wird.

Schmerz als unmittelbar körperliche Erfahrung überzeugt uns in der Regel mühelos von dem, was wir »Realität« nennen, von der Wirklichkeit des Körpers und der Umstände, in denen Schmerz unausweichlich zu werden scheint und damit von der Verletzbarkeit und letztlich der Vergänglichkeit jeder Form des Lebens. Diese Gedanken, mit denen wir wie selbstverständlich die »Realität« gewohnt sind zu beschreiben, sind aber allesamt lediglich »Gewohnheiten«, niemand zwingt uns, sie zu denken, auch wenn sie uns fast wie das Athmen[19] ganz natürlich vorkommen und keine Alternative zu haben scheinen. Allein mit dieser Einsicht nehmen wir der »Überzeugunskraft« des Schmerzes bereits eine ganze Reihe der Beschränkungen, in deren Rahmen wir sie bisher haben gelten lassen.

Formulieren wir eine radikale Alternative zu unserem gewohnten Denken doch einfach zunächst einmal als Hypothese, von deren Aussicht, dass sie sich als »Wahrheit« entpuppen

---

[19] *Ich finde, nach Einzug des kleinen »h« in den »Atem« athmet es sich gleich freier!*

könnte, wir zunächst noch nicht »überzeugt« sein müssen. Wir setzen quasi einen Fuß auf die Schwelle einer Tür, von der wir noch gar nicht wirklich glauben, dass sie existiert:

Jeder Schmerz, in welcher Form er auch immer auftreten mag, ist derselbe, eine Schmerz, von der Liebe getrennt zu sein. Da in der Liebe diese Trennung zu keiner Zeit geschehen konnte, ist Schmerz unmöglich.

Schön und gut, wirst du sagen, klingt logisch, aber »überzeugend« ist das noch lange nicht, mein Knie schmerzt dennoch! Jetzt haben wir beide aber gut lachen, weil wir uns ja vorsorglich darauf geeinigt haben, dass unsere schöne Behauptung gar nicht »beweiskräftig« sein muss, sie ist eben nur eine Behauptung, und es ist noch lange nicht gesagt, ob sie »stimmt«, ob sie also als eine Hypothese, die noch auf Überprüfung wartet, der Wirklichkeit standhalten wird. Das Knie muss erstmal gar nichts abbekommen vom Segen unserer gedanklichen Heilserklärung, da sind wir nicht in Stress zu bringen. Und gerade in dieser Entspanntheit eröffnet sich uns eine neue Option: Es ist nur noch eine von zwei Möglichkeiten, den kernigen Satz von der Unmöglichkeit des Schmerzes in Treue zu unserer bisherigen Erfahrungswelt hinter uns zu lassen als bedeutungslosen Gedanken, der voraussichtlich niemals bestätigt werden wird. Wir haben jetzt die Freiheit der Wahl, ihn den Anfang einer Reise sein zu lassen, die mit einer Annahme beginnt, in der wir die Wahrheit von der Unmöglichkeit des Schmerzes bereits ahnen, ohne noch einen Beleg für sie beibringen zu können. Da spürst du den notwendigen »Hauch von Vertrauen«, ohne den wir unsere Reise definitiv nicht beginnen könnten. Er ist der zarte Keim unserer letztendlichen »Überzeugung«, dass Schmerz tatsächlich nicht möglich ist.

Es bleibt uns jetzt allerdings nichts anderes übrig, als uns von der Wahrheit dieser schlichten Aussage – einer »Wahrheit«, der wir den Anfangskredit einräumen, dass sie existiert – in einem friedlichen Sinn »überwältigen« zu lassen. Unsere an diesem Einverständnis reifende Überzeugung wird dabei nicht aus alten Erfahrungen erwachsen können, die wir mitbringen in die Beurteilung erlebten Schmerzes, sondern aus der *Wahrheit selbst*, die uns die Freiheit vom Schmerz in *ihrer* eigenen, unerschütterlichen Gewissheit verspricht.

Wir müssen also in eine Erfahrung kommen, die wir aus alten, mitgebrachten Erlebensmustern nicht beziehen können. Welche »Zeugen« dagegen die *Wahrheit* aufruft, auf dass sie uns von der Unwirklichkeit des Schmerzes sprechen mögen, sagt »*Ein Kurs in Wundern*« beispielsweise in diesem wahrlich merkwürdigen Satz:

> *Wunder zeugen für die WAHRHEIT.*
> *Sie sind überzeugend, weil sie aus*
> *Überzeugung entstehen.*[20]

»Wunder« also sollen uns überzeugen! Hier wird das Wort »Überzeugung« schon ganz anders verwendet, als wir es gewohnt sind. Was auf den ersten Blick wie ein sich selbst bestätigendes Kreisdenken aussieht, birgt das Potenzial in sich, zu einem »Zur-Ruhe-Kommen« unserer Bemühungen zu werden, uns »aus eigener Kraft« von etwas überzeugen zu wollen, zu einem Befrieden all unserer gewohnten Assoziationen rund um das, was uns »überzeugt«. Wenn wir

---

[20] *Kurs 2019, Textbuch, Kapitel 1, Abschnitt I, Absatz 14*

uns darauf einlassen, hört der Verstand allmählich auf, Bedingungen zu stellen für die Quelle und den Geltungsbereich der »Überzeugungskraft«, wir verzichten mehr und mehr auf »Beweise«, die in unserem gewohnten Denken »Glaubwürdigkeit« bewirken, und wir gestatten schließlich der *Wahrheit selbst,* uns *ihre* »Zeugen« als Heilungserfahrungen zu bringen. Wir erleben diese immer als »Wunder«, etwas Unerwartetes, Unverdientes, Geschenktes, als eine Gnade – und schließlich lernen wir, mit jedem Erlebnis dieser Art mehr und mehr über die Formen der Wunder hinauszuschauen auf das, **was** sie als *wahr* bezeugen: Die ewige *Nähe* und unser *Einssein in der Liebe,* in der kein Schmerz existiert. Schmerz ist eine Unmöglichkeit.

> *Wunder zeugen für die WAHRHEIT.*
> *Sie sind überzeugend, weil sie aus Überzeugung entstehen.[21]*

Hier ist nicht mehr die Überzeugung von »etwas« gemeint, sondern das Vertrauen in die *Wahrheit selbst* als Quelle der überzeugenden

---

[21] *Kurs 2019, Textbuch, Kapitel 1, Abschnitt I, Absatz 14*

Erfahrung. Man könnte auch sagen: Wunder
überzeugen unmittelbar, weil sie aus der *Gewiss-heit der Liebe* stammen.

Die »Beweise« unserer Verletzlichkeit, die uns
der Schmerz brachte, dürfen allmählich in unse-rem sich mehr und mehr öffnenden Geist den
Zeugen unseres *Heilseins in der Liebe* weichen.
Aber es braucht den »Hauch des Vertrauens« –
unsere Einwilligung in einen Prozess der Verände-rung unserer gewohnten Sichtweise, es braucht
»unendliche Geduld« – auch mit den vielen
Fragen, die sich aufdrängen, wenn das »Wunder«
den Raum der Begrifflichkeiten betritt und sich
jedem Versuch seiner Definition immer wieder
entzieht. Das Wunder will erfahren werden und
es erzählt unserer Ungeduld jedes Mal, wenn wir
es zulassen, von seiner Herkunft aus der *ewig
geduldigen Liebe jenseits des Begreifbaren, die
allein* es definieren kann.

Zunächst scheint die Realität des Schmerzes
überwältigend zu sein. Es sind die »sofortigen
Wirkungen« unseres Einverständnisses, der
Wahrheit zu erlauben, uns in eine grundsätzlich
neue Erfahrung zu bringen – es sind die Wunder,

die dem Schmerz allmählich die Überzeugungskraft nehmen und ihn damit letztendlich heilen.

*

Verletzbar und empfänglich für Schmerzen kann
nur »ich« sein in meiner Identität als das, was ich
glaube zu sein, oder anders gesagt: Eine Bedro-
hung meiner Integrität ist nur denkbar, wenn das
bedroht und verletzt werden kann, was mich
zusammenhält und zu einem Ganzen werden
lässt.

Ich verwende hier den Begriff der »Integrität« in
einer etwas ungewöhnlichen Bedeutung, finde
aber, er »fasst« sehr gut einen wesentlichen
Aspekt dessen, was ich glaube, zu sein. Er spricht
sozusagen vom »lebendigen Rand« meiner
»Identität«, dem Bereich, in dem ich mich
ununterbrochen und immer wieder neu einfüge
in das geistige, soziokulturelle und physische
Beziehungsgeflecht, in dem ich mich erlebe. Der
Begriff lenkt meinen Blick auf die Tatsache, dass
ich mir meinen »Zusammenhalt« ständig neu
erdenke oder erdeute. In unserem Buch über die
Angst sind Gregor und ich zu der »Formel«
gekommen: »Heilung ist Integration« und

haben das Integrieren der Angst als ihr Vergehen in den angstfreien Raum unserer »wahren« Identität beschrieben. Ich nehme diesen Begriff jetzt in einer nur zunächst anderen Bedeutung mit in die Betrachtung des »Schmerzes«. Der »angst- (und schmerz)freie Raum« bleibt dabei aber die Perspektive einer geheilten, »wahren« Integrität.

»Schmerz« ist ein Phänomen, das wir schon auf so viele Weisen versucht haben, unseren Definitionen und damit unserem Verstehen zu unterwerfen (siehe auch die Definition der »International Association for the Study of Pain« in Gregors Teil), und das sich diesen Bemühungen immer wieder entzieht. Hier mein Ansatz, »Schmerz« undefiniert zu lassen und ihn dennoch unter Einbeziehung des Aspekts der Integrität seinem Wesen nach anzusprechen – Schmerz als eine »Ansichtssache«:

Schmerz ist die Empfindung, dass das verletzt worden ist, was ich als mein Eingebundensein in diese Welt – meine Integrität – erlebe, die mir mein Selbstgefühl, das, was »ich bin«, spiegelt. Der zentrale Aspekt dabei ist der Glaube, dass meine Integrität prinzipiell verletzt werden kann.

132

*

Was also ist es, das mich »zusammenhält«? Was macht mich zu einem »Ganzen«?

Wäre es denkbar, dass all meine »gewöhnlichen« Antworten darauf einem unhinterfragten Glauben folgen, der sich als Irrtum herausstellt?

Wie werde ich vermutlich antworten? Ich werde aus meinem bisherigen Erleben heraus all das in den Mittelpunkt meiner Antwort stellen, was mich in der Vergangenheit davon »überzeugt« hat, dass ich ein »Ganzes« bin, dass ich einen klaren Zusammenhalt habe, ein Zentrum, ein »Ich«. Ich werde mich auf die vielfältigen Erfahrungen mit meinem Körper berufen und seinen Beziehungen zu anderen Körpern, aber auch ganz allgemein auf die sinnlich-emotional-geistige Verflechtung mit allen Dingen einer Welt, die ich wahrnehme und die mir meine Identität und Integrität spiegeln. Und eben diesen Spiegel halte ich für alternativlos.

Die scheinbare »Selbstverständlichkeit« der Antworten auf die Frage nach meinem Zusammenhalt verschleiert den Umstand, dass dieser Spiegel keine objektive Tatsache ist, nichts, was außerhalb

133

von mir »wahr« wäre, sondern lediglich mein Glaube, meine eigene Idee. Man könnte sagen, ich halte diesen Spiegel seit Urzeiten krampfhaft in der Hand, um nicht gewahr zu werden, dass ich ihn selbst erfunden und aktiv aufgenommen habe, um mich zu erkennen und zu definieren, um überhaupt ein »Ich« sein zu können. Und damit habe ich vergessen, dass ich »zuvor« auch »war« – und dass ich dieses, was ich damals war, immer noch bin:

Was mich zusammenhält, das ist allein die *Liebe,* was mich als Ganzes ausmacht, das ist mein ewiges *Sein in Ihr,* was mir die Gewissheit bringt, dass dies keine leeren Worte sind, ist die Erfahrung des *Einsseins* mit dir, lieber *Bruder im Geist,* liebe Leserin, und das musst du bitte wörtlich nehmen, ja? Du bist gemeint und keine abstrakte Brüder:in! Würde ich versuchen, an dir vorbei meine wahre Identität zu erfahren, müsste ich scheitern. Nur mit dir kann ich über meine eigene Deutung der Welt hinaus auf eine »wahre Welt«, die unser *Einsein* nicht mehr leugnet, schauen lernen. Das bedeutet allerdings nicht, dass ich dich mit meinen Worten überzeugen muss, es heißt nicht einmal, dass du es auch nur für möglich halten musst, mit mir zu einem Konsens zu kommen. »Mit dir« heißt, dass ich nur dann über **meine** Bilder und Urteile hinwegschauen kann, wenn ich im Vertrauen bin und bleibe, dass **dein** innerstes »Überzeugtsein« von unserer unkündbaren *Verbundenheit in Liebe* das ist, was du *in Wahrheit* bist.

Alles ist Gedanke. »Mit dir« bedeutet, mich über meine eigenen beurteilenden Gedanken hinaus mit dir als meinem *aus selber Quelle denkenden Bruder* zu verbinden. Wie auch immer du mir begegnest, wir haben unser Leben aus dem ewig *geeinten Geist,* der uns als *eins* sieht.

Könnten wir uns hier nur durch eine Ansammlung von Buchstaben hindurch – am Spiegel der Welt vorbei – die Hand des Verstehens reichen, wenn dem nicht so wäre? Wenn wir nicht *eins* wären *im Geist?* Wenn du willst, können wir das an einem Beispiel sehr konkret miteinander in Erfahrung bringen. Am Ende dieses Teils des Buches werde ich eine Übung zum Umgang mit konkreten Schmerzen vorschlagen, die sich hervorragend dazu eignet, oder die zumindest das Potenzial in sich trägt, das *Einssein mit dem Bruder* direkt zu erleben.

Du also bist für mich so etwas wie der Hüter des »anderen Spiegels«, der geheilten Integrität, in dir kann ich den *geeinten, »heiligen« Geist* sehen lernen, der nicht von der Welt, sondern von der *Liebe* inspiriert ist, der nicht mehr als Körperfunktion und Sklave eines urteilenden Denkens zu begreifen ist, sondern als direkter Ausdruck der *Quelle* allen Lebens, und der mir deinen wie meinen Zusammenhalt als *eins* zeigt, als ewiges Aufgehobensein in der *Liebe*.

In dir ahne ich die Unmöglichkeit des Schmerzes im selben Moment, in dem ich anerkenne, dass ich es bin und nur ich, der den Spiegel der Schmerzenswelt krampfhaft in der Hand hält und in dem ich auch »dich« beurteile. Dass ich lernen kann, dich jenseits der Bilder zu sehen, die mir meine urteilende Wahrnehmung zeigt, ist meine Ermutigung, diesen trügerischen Spiegel loszulassen und unseren *geeinten Geist* einzuladen, uns zu zeigen, wer wir in einer angst- und schmerzfreien *Wahrheit* wirklich sind.

Das sind zunächst lediglich schöne Worte, und sie sind leicht gesagt. Es ist zweifellos notwendig auf dem Weg der Erinnerung, uns mit Bildern und Worten zu ermutigen und uns eine Richtung zu geben. Der Wechsel des Spiegels unserer Wahrnehmung aber bleibt eine Reise, die jenseits der Bilder und Worte erfahren werden muss, von jedem Einzelnen in vieltausenden Aspekten seines individuellen Weges mitten durch die Welt des Trennungsschmerzes. *»Ein Kurs in Wundern«* nennt dies den Weg der Vergebung.

Kapitel 3

Schmerz, wo ist dein Stachel?

Vergeben heißt, unseren selbsterdachten Spiegel der Wahrnehmung, dessen innerste Reflexionsschicht unser Glaube an den Tod und die Trennung von GOTT ist, auszutauschen gegen den der LIEBE, die uns unsere Integrität und damit die Welt und das »Du« in ihr im schattenlosen Licht der WAHRHEIT zeigt, in der keine Angst und kein Schmerz und keine Schuld existieren können.

»Die Welt« also soll uns in diesem *vergebenden Licht* neu gezeigt werden – hier wird das Ganze für unser Thema interessant und attraktiv, denn das Knie tut ja immer noch weh, und das Knie ist eindeutig Teil der Welt. Vor allem aber und zunächst einmal wird sich mir in der neuen Spiegelung das »Du« in dieser Welt anders – eben *im Licht der Liebe* – zeigen. Schön und gut, das scheint aber ja gleich wieder vom erhofften Nutzen einer neuen Sichtweise für mich abzulenken, und die Frage sei erlaubt: Wo bleibe »ich« eigentlich dabei? Wollte **ich** nicht in den Frieden kommen, wollte **ich** nicht schmerzfrei werden? Sicher, wir haben ja schon gesehen, dass »ich« derjenige bin, dem angeboten wird, zu lernen, den Spiegel der Schmerzenswelt abzulegen, in dem auch das »Du« gesehen und beurteilt wird. Wir können uns also jetzt leicht mithilfe metaphysischer Logik sagen, dass das »Ich« letztendlich im »Du« als das *eine Selbst* erkennend aufgehen wird und in diesem Einswerden alle Schmerzen vergehen, und daran wäre sicher nichts falsch. Zu diesem Erkennen aber geht die Reise erst hin, die wir hier gemeinsam unternehmen. Dabei müssen wir uns erst daran gewöhnen, unsere »Überzeugung« aus für uns ungewöhnlicher Quelle – aus dem Wunder – zu nähren. »Mit dir« lerne ich, den Spiegel, in dem nur »Beweise« zählen, abzulegen und dem Wunder unseres *Einsseins* Raum zu geben. »Vergeben«, wie wir es hier in seiner transzendenten, den alten Spiegel der Wahrnehmung »fortgebenden« Bedeutung erfahren wollen, ist das Abenteuer, eine Weltsicht anzuwenden, die ich noch nicht wirklich als »meine« Sicht erlebe – und das ist auch nicht notwendig! »*Ein Kurs in Wun-*

dern« sagt an dieser Stelle gern, dass wir lernen müssen, *mit Christi Augen* zu sehen (nimm gern ein anderes Wort für eine »geheilte«, umfassende, allen und allem gerecht werdende Sicht), und er weiß, warum! Wir folgen zunächst nur unserer Ahnung, dass lediglich das Bild, das »ich« mir von »dir« mache, Teil der schmerzvollen Welt ist, wie ich sie sehe, nicht aber das »Du« selbst, das, was du als *eins mit allem Leben* und damit *Gott sei Dank* auch *mit mir wirklich bist.* Hier sind unsere Ehrlichkeit, die Geduld mit uns selbst und unser Anfangsvertrauen in die bloße Möglichkeit einer solchen »geheilten Sicht«, die aus einem – aus unserem – *geeinten Geist* kommt, gefragt. Denn die Versuchung läuft immer mit, sich vorschnell mit einer Ahnung, die durch Bilder und Worte hervorgerufen wird, zu identifizieren, als sei die Ahnung schon erfahrene Tatsache und eigene Gewissheit. »Selbstgemachte« Identifikationen sind aber immer auf unser eigenes Geist-Körper-Konstrukt bezogen und ziehen die *Wahrheit des Geistes* auf eine Ebene, auf die sie nicht gehört. Erinnern wir uns: Wir wollen uns unsere wahre Identität von der *Liebe* zeigen lassen, und *Sie* bittet uns um nicht mehr, als dies auf *ihre Weise* tun zu dürfen.

Wir könnten uns also, wenn es darum geht, wo »ich« samt meiner Schmerzen in der neuen Sicht bleibe, einmal fragen: Sind wir wirklich (schon) bereit, vom »Aufgehen« des »Ich« im »Du« zu reden, ohne dabei in sexuellen oder geistig-schwebenden Assoziationen hängen zu bleiben? Ich denke, wir sind uns hier einig: Dieses »Aufgehen« klingt doch eher nach der Zielgeraden des »Verlernens«, auf der wir den »Austausch der Spiegel« schon gründlich und in vielen Aspekten kennengelernt und vor allem erfahren haben. Den Berg, dessen Gipfel des *Einsseins* wir vielleicht in seiner ganzen Erhabenheit bereits vor uns sehen, haben wir doch ehrlich gesagt gerade erst begonnen zu erklimmen, auch wenn die meisten von uns in besonderen Momenten bereits kurzfristige Einheitserfahrungen gemacht haben – und deren Wert soll hier alles andere als herabgesetzt werden! Bei Licht betrachtet werden wir sicherlich sogar sagen müssen: Jeder von uns kennt diese Momente des *Einsseins mit allem Leben* – und wenn es sich »nur« in einem »unbegründeten« Lächeln während einer »zufälligen« Begegnung gezeigt hat! Bei nur sehr Wenigen allerdings haben diese Erfahrungen dazu geführt, dass sich ihr Verständnis von der Welt und das Erleben dessen, was sie »sind«, nachhaltig und fundamental verändert hat, indem sie bereit wurden, die Quelle ihres Denkens zu hinterfragen. Eine wichtige, richtungsweisende Erfahrung bleibt ein solches Erlebnis allemal. In einer helfenden, anderen zugewandten Tätigkeit oder auch in der Meditation, grundsätzlich aber natürlich in jeder Situation von vertrauender Wehrlosigkeit können sich solche Momente jederzeit einstellen.

Um nach dem »unbegründeten Lächeln« ein eher drastisches Beispiel zu nennen: Man hört nicht selten von Menschen, die eine Nahtoderfahrung gemacht haben – also sozusagen urplötzlich durch Krankheit oder Unfall aus allen körperlichen Beschränkungen hinausgeschleudert, »befreit« worden sind –, dass sie Kontakt mit etwas hatten, das sie »Licht« oder »Kraftfeld« oder auch »Gott« und »Liebe« nennen, und dass sich ihr Leben danach verändert hat. In solchen beeindruckenden Fällen, die auch mit dem Erleben der Todesnähe und einer Art

»Wiederauferstehung« verbunden sind, haben die Betroffenen oft das Gefühl, die Begegnung mit einer transzendenten geistigen Ebene nach dem Ereignis kaum noch leugnen zu können, auch, wenn sie es wollten. Aber selbst dann kann das Erlebte so »eingebaut« werden in die eigene Weltsicht, dass es wie eine großartige Besonderheit erhalten bleibt und die Quelle des eigenen Denkens unhinterfragt bleibt. Ich traf einmal einen dieser Menschen, und mir wurde klar, wie drastisch die Erfahrung gewesen sein musste, als er sagte, dass ich der Erste sei, dem er seine Geschichte mit allen Details erzähle und bitte auch der Letzte sein solle! Er wollte seine Erfahrung weiter- und damit abgeben, weil sie ihm zu groß und zu fordernd vorkam, es wurde ihm einfach ein wenig unheimlich bei dem Gedanken an die Konsequenzen. Er sagte, er wolle noch einmal »neu anfangen« in dieser Welt, so, wie er sie kannte. Ich fragte ihn, was ihm denn geblieben sei von seinem Erlebnis, was er mitgenommen habe. Er dachte eine Weile nach und antwortete: »Es ist alles schon da, hier in der Welt ist die ganze *Liebe* schon da, aber ... « – da suchte er eine

Weile und ein wenig unwillig nach den richtigen Worten – »wir müssen sie wecken«.

Das hat mich damals sehr beeindruckt und bestärkt mich auch jetzt, die Frage danach zu stellen, **wie** wir hier in dieser Welt die Liebe wecken wollen und sollen, und ja – auch **ob** wir sie wecken wollen. Sind wir also bereit, wenigstens in Betracht zu ziehen, dass wir unseren altvertrauten Spiegel, der uns seit jeher zeigen sollte, wer wir sind und was uns zusammenhält, von der *Liebe* allmählich aus der Hand nehmen zu lassen?

Ein »Ja« dazu wäre nichts weiter als ein erneutes Aufbringen des »Hauchs von Vertrauen«, mit dem wir die Reise begonnen haben. Wir haben ein starkes Motiv dafür, denn unser Schmerz ist noch ungeheilt. Wir können uns ja beide an dieser Stelle einmal fragen, ob wir glauben, dass wir schon für uns selbst und füreinander wahrhaft heilsam sein können in dieser Welt, wenn wir uns begnügen mit der unbestritten wertvollen Entdeckung der Möglichkeit und dem gelegentlichen Erleben von Erfahrungen geistigen *Einsseins*. Hat uns die *Überzeugungskraft der Liebe* bereits ganz durchdrungen – Hand aufs Herz! – während unsere und die Schmerzen anderer von diesen Gedanken und glücklichen Ausnahme-erfahrungen scheinbar unbeeindruckt unsere treuen Begleiter bleiben und die Welt weiter vor unseren Augen auftaucht als derselbe Ort, den wir seit jeher kennen: als ein Zeit-Raum, in dem sich Episoden der Freude und Leichtigkeit mit denen des Leids und der Schwere abwechseln und der für jeden hier nur ein Aufschub vor dem sicheren Tod sein kann – ungeachtet aller glück-lichen Episoden? Um die *Liebe*, die wir mit ande-ren wahrhaft teilen können, in uns wirklich zu wecken und damit *ihre Wirksamkeit* in die Welt, die wir sehen, einzulassen, braucht es offensicht-lich mehr, und es scheint, als brauche es ... unend-liche Geduld.

*

Als aufrechte »Anfänger« spüren wir – und das ist bereits eine »sofortige Wirkung« unserer Geduld – den Athem der *Wahrheit* im Gedanken der »Vergebung« (lass dich von diesem Begriff nicht bremsen, versuch ihn nicht, zu »ver-stehen«, er wird sich ganz von selbst zunehmend klären): Den Spiegel der todesgläubigen Wahr-nehmung auszutauschen, um im *Licht der Liebe* allen Schmerz vergessen zu können, das klingt nach einer verdammt guten Idee, und es erinnert uns in der Tiefe an eine fast vergessene Perspektive. Aber verflixt, das Knie! Wie sollen wir dem Schmerz nicht glauben, dass er existiert, wenn er wieder einmal lautstark zu uns spricht als aufdringlicher Vertreter dieser scheinbar komplett zersplitterten Welt, welche mit seiner Hilfe die Getrenntheit von der geistigen *Wahrheit* des *Einsseins* unangenehm deutlich demonstriert? Müssen wir »die Welt« samt all ihres Leids links liegen lassen, müssen wir sie abwerten oder gar verleugnen, um vor uns die Vision eines schmerz- und angstfreien Lebens und einer gemeinsamen *Identität in der Liebe* aufrechterhalten zu können? Ist die *Liebe* in uns weiter nur in den engen Grenzen unserer schmerzvollen, schuld- und angstverstrickten Identitäten zu erleben? Oder haben wir mit der »Vergebung« tatsächlich den Schlüssel in der Hand zur Heilung jedes Schmerzes **mitten in** dieser Welt, zu tragfähigen Erfahrungen, die wir als Zeugen unseres *Heilseins* aufrufen können? Was also ist mit den Wirkungen unserer Geduld? Welcher Art ist der »andere Blick« auf die Welt, auf dich, auf den Schmerz? Ist er nur ein unbeteiligtes »Beobachten« aus einer entrückten, alles nebeneinander wertfrei bestehen lassen wollenden Position, eine Art holografischer, aber in denselben grundsätzlichen Grenzen weiterträumender Panoramablick, oder wäre dieser vergebende Blick tatsächlich ein wirkungsvolles Schauen, dessen Segen der Welt tatsächlich Heilung brächte? Was uns noch fehlt, ist offensichtlich die Überzeugungskraft der Erfahrung dessen, wovon Worte immer nur sprechen können, ohne diese Erfahrung zu sein. Aber bleiben wir noch eine Weile bei der Geduld.

*

Lass uns zunächst einmal, jeder für sich, irgendeinen Schmerz in uns suchen und finden, der uns zur Zeit piesackt, am besten einen körperlichen, und wenn es nur ein kleines Zwicken oder Zwacken ist. Wenn du beim besten Willen nichts findest, dann hast du vielleicht gerade einen seelischen Schmerz, oder du erinnerst einen aus deiner Vergangenheit und rufst ihn wieder wach. Es gibt natürlich auch die sprichwörtlichen Indianer, die weder Angst noch Schmerz kennen oder dies zumindest behaupten – solltest du dazugehören, dann bist du dir aber sicherlich in deiner näheren Umgebung des Schmerzes anderer gewahr – nimm also einen von diesen, als letzte

Möglichkeit. Und als allerletzte gehst du jetzt zu deinem Werkzeugkasten, nimmst einen Hammer heraus und haust damit einen Nagel in die Wand. Ich vertraue dabei auf deine Ungeschicklichkeit, damit wir hier endlich mal weiterkommen!

Meinen Schmerzpunkt hab ich gefunden, das ist kein Problem gewesen, meine Wirbelsäule erinnert mich immer mal wieder daran, dass es sie gibt. – Hast du inzwischen auch irgendeine schmerzende Stelle in den Fokus deiner Aufmerksamkeit gerückt? Dann bleibe bitte jetzt bei ihr und lass uns unseren ganz speziellen Schmerz einfach mal anschauen mit der Frage, was ihn und damit »Schmerz« ganz allgemein eigentlich ausmacht. Mir kommen diese Gedanken dazu:

Er ist unangenehm, er schränkt mein Wohlbefinden ein, er hindert mich daran, mich so frei und unbefangen zu erleben, wie ich das gerne möchte, er zeigt mir, dass ich nicht alles so haben kann, wie ich es mir wünsche, er demonstriert eine Macht, die stärker als ich zu sein scheint, denn ich will ihn ja nicht, und er ist trotzdem da. Er zeigt mir also eindrucksvoll, dass mein Wille nur bedingt ist und keineswegs so frei, wie ich mir das erträume, und er spricht von einem anderen

Willen, der offensichtlich gegen den meinen gerichtet ist. Er erinnert mich unsanft an meine grundsätzliche Verletzlichkeit. Und in der Tiefe bedroht er eben – eigentlich ganz unabhängig von seiner »Schwere« – meinen Zusammenhalt, meine Integrität: Er ist der Dorn in meinem traumsicheren Glauben, wenigstens als Idee von mir unsterblich zu sein und als das Körper-Geist-Gebilde, als das ich mich ansehe, ewig erhalten zu bleiben. Er ist der Fingerzeig auf meine Vergänglichkeit.

In welchen Spiegel schaue ich? Ist die Ahnung der Alternative schon mit im Raum?

Wie ist es bei dir? Hast du in dir bemerkt, welche Gedanken dir gekommen sind in Bezug auf die Art und Weise, wie du mit deinem Schmerz umgehen könntest? Mir jedenfalls gibt dieses subtile bis heftige Rütteln an meinem »Fundament« die Richtung vor für all meine Vorstellungen, wie ich meinem Schmerz begegnen sollte. Mit dem schmerzhaft erlebten Gefühl, meine Integrität, der Spiegel meiner Identität sei bedroht – auch wenn diese »Drohung« nur ganz fein mitschwingt – kann ich schlecht leben. Also ist die naheliegende Forderung, die meine Gedanken unmittelbar mit dem Auftauchen des Schmerzes beherrscht: **Er muss wieder weg!** Schau mal, ob du das auch so in dir findest. Ich hatte sofort Gedanken im Kopf, was ich tun könnte, um meinen Rückenschmerz wieder zum Verschwinden zu bringen – anderes Trainingsprogramm, anderer Schreibtischstuhl, Umstellung der Ernährung, Physiotherapie .... viele Gedanken passen in eine Millisekunde, das stellt man bei dieser Gelegenheit fest.

Der Schmerz soll jedenfalls – das kommt mir wie eine »Selbstverständlichkeit« vor – nicht bleiben, er soll nicht weiter Teil meiner Welt sein. »Heilung« richtet sich in meinem »ganz normalen« Denken auf das Ziel aus, den Schmerz aus meinem Erleben zu verbannen. Der »Erfolg« meiner Heilungsbemühungen wird sich demnach daran messen, ob oder wieweit ich dieses Ziel mit Hilfe der vielfältigen Heilmethoden werde erlangen können. Eine ganze Reihe solcher Methoden fallen mir spontan ein, sie reichen von der Ausschaltung dessen, was ich bzw. meine Ärzte als Ursache eines Schmerzes gefunden haben – wie der Operation eines Bandscheibenvorfalls – über physikalische, physiotherapeutische und chemische Hilfestellungen bis zur mentalen Beeinflussung zur Linderung von Schmerzen. Gelegentlich halte ich Schmerzen allerdings auch »methodisch« wach, um ein darunterliegendes Leiden mit ihnen zu vernebeln, das Ziel bleibt aber gleich, dann ist es eben dieses tiefere Leid, das wieder verschwinden soll, und ich benutze oberflächlichere Schmerzen, um tiefere »loszuwerden«.

Ich glaube, ich kann davon ausgehen, dass unsere Gedanken um den Schmerz bis hierhin sicher variieren, aber grundsätzlich über der Kernidee »Er muss wieder weg« im Konsens sind. Stimmst du soweit zu? Dabei geht es mir ganz sicher nicht darum, unsere »Heilmethoden« herabzusetzen. Keine dieser Bemühungen ist schlecht, um es klar zu sagen! Was hilft, hat erst mal recht. Schmerzen zu lindern und zu nehmen mit den Mitteln, die uns gerade zur Verfügung stehen, ist eine der wertvollsten und basalsten Regungen des Menschseins – und das gilt auch für jede wahre Spiritualität –, denn der Impuls, Schmerzen lindern zu wollen, spricht von der Bereitschaft, uns selbst und anderen mit der Zuversicht, dass Heilung möglich ist, zuzuwenden. Ich habe nun mal den Spiegel meines Glaubens an die Getrenntheit von der *allumfassenden Liebe* noch in der Hand und sehe alles darin, auch das, was für mich »Heilung« ist. Die Tatsache, dass sich mir dennoch in dieser Abgewandtheit von der *Wahrheit* mit dem Vertrauen in »Heilbarkeit« ein *Funke der Liebe* vermittelt, zeigt bereits, dass die *Liebe selbst* unsere Abgewandtheit von *Ihr* als unwahr überstrahlt. Und damit bleibt jedem aufrichtigen Versuch der Hilfe und des Heilens dieser *Funke* immer erhalten, und er wird seine Wirkungen haben.

Wenn wir jetzt also die »Alternative« betrachten, dann sei mit aller Deutlichkeit gesagt, dass es sich um keine ausschließende, sondern eine *integrierende Alternative* handelt. Geistiges Heilen wird die Hand nicht zurückziehen, die einen schmerzverusachenden Tumor operieren will und nicht die, die ein Medikament verabreichen will, um Linderung zu bringen. Aber es wird diese Hand dabei lenken und führen lassen von *Dem, der weiß.*

*

152

Es gibt eine höchst erstaunliche Stelle in »*Ein Kurs in Wundern*«, die ich hier zitieren will, um zu zeigen, wie eine »geistige Ebene« verstanden werden kann, die uns hier in unserer Schmerzenswelt hilfreich sein will.

In dieser Textstelle spricht der *Kurs* über diejenigen, welche Krankheit, Angst und Schmerz bereits mit der Gewissheit ihrer Heilbarkeit begegnen:

> *[Ihre] Gedanken bitten um das Recht, das zu hinterfragen, was der Patient als wahr akzeptiert hat.*[22]

Spürst du auch, wie ich, die friedliche Ruhe, die allein von dem Ausdruck »Ihre Gedanken bitten« ausgeht? Da wird nicht um »etwas« gebeten, nicht darum, dass die eigenen Gedanken und Vorstellungen bestätigt werden mögen, hier wird um das »Recht« gebeten, eintreten zu dürfen in den Zeit-Raum des »Patienten«, der sich in seinen Angstgedanken schmerzhaft verstrickt hat – jetzt nicht mehr (nur) mit einer äußerlichen Heilmethode, nicht mehr (nur) mit

---

[22] *Kurs 2019, Handbuch, Kapitel 5, Abschnitt III, 2. Absatz*

einem Medikament oder dem Skalpell, sondern mit der Ruhe der Gedanken, die sich der *Hilfe des geeinten Geistes* geöffnet haben.

Das ist maximaler Respekt vor dem »Willen des anderen«, das ist die Art, wie die *Liebe* uns unaufhörlich um das Recht bittet, eintreten zu dürfen in unsere Welt. Das ist die mächtige, kraft- und liebevolle Variante der »Demut«.

*

Und wieder brauchen wir den »Hauch des Vertrauens«, um ein solches Maß an Behutsamkeit zumindest für möglich halten zu können. Was wir als »wahr akzeptiert« haben – wie es in der Kursstelle heißt –, das ist für uns zunächst eine Tatsache, eine Selbstverständlichkeit, das »Normale« – Teil unseres geistigen Fundaments, das sich im Verlauf des Lebens gebildet und immer wieder umgebildet hat. Vieles davon haben wir »einfach so« aufgenommen und in einer Tiefe abgenickt, die sich in der Regel unserem Bewusstsein entzieht. Wir haben uns das ja bereits angesehen beim Thema »Identität und Integrität«. »Wer und was bin ich?«, da ist vieles »immer dagewesen«, »so gekommen« oder »selbstverständlich« ...; einiges dazu steht sogar im Personalausweis. Von dem zweifellos attraktiven Satz »Schmerz ist unmöglich« haben wir ja gleich gesagt, dass er sicher nicht zu unseren »akzeptierten Wahrheiten« gehört.

Wenn es also jetzt um das Hinterfragen unserer »Wahrheiten« und vor allem dann um deren Abgleich mit einer »Wahrheit« geht, die wir nicht greifen können, tut schon allein die Vorstellung von »Behutsamkeit« gut und du wirst es sicherlich auch unter dem Schutz dieser Voraussetzung berechtigter finden, erneut den »Hauch des Vertrauens« aufzubringen, um in ein solches Infragestellen deiner »Wahrheiten« einwilligen zu können.

In ihrer heilsamen, »demütigen« und, bei Licht betrachtet einzig möglichen Form ist dieser »Abgleich«, diese Korrektur nichts anderes als das Teilen der WAHRHEIT mit allem Leben, die Einladung an die LIEBE, uns aus IHRER und damit aus unserer wahren Mitte heraus gleichermaßen zu belehren.

Und diese im wahrsten Sinne des Wortes »wundervolle« Möglichkeit ziehen wir immer wieder und auch jetzt vertrauensvoll in Betracht.

Das ist genug. In dieser geistigen Öffnung für eine mögliche Option können wir uns die alles integrierende und damit wahrhaftig alternativlose »Heilmethode« für unseren Schmerz mit stetig sich ausweitender Geduld anschauen.

*

»Aber langsam«, wirst du vielleicht sagen: Immer noch sind wir dann ja offensichtlich nicht bei den »sofortigen Wirkungen« – , sondern kreisen wie die Astronauten vor der Landung um den schwach beleuchteten Mond der Geduld. Warum ist das so? Bestätigt sich am Ende doch, dass hier, beim konkreten Auftauchen des »Weltenschmerzes« in seinen unzähligen Formen, die Grenze der »Wirksamkeit« von Spiritualität verläuft? Dass sie also über ein wohltuend friedvolles Gedankengut nicht hinauskommt und das Versprechen der Totalität nicht einhält, das von »Heilung«, »Ganzwerdung«, »Angst- und Schmerzfreiheit« spricht?

Ich bin mir ziemlich sicher, dass wir noch immer in der Erwartung der »Wirkungen«, also noch nicht nachhaltig von ihnen »überzeugt« sind, weil wir »Geduld« nur in den Grenzen ihrer Endlichkeit zu akzeptieren gewohnt sind. »Jetzt hat meine Geduld aber ein Ende!«, hast du bestimmt auch schon mal ausgerufen. »Unendliche« Geduld scheinen wir erst praktizieren zu müssen, um sie als möglich zu erfahren, und das beginnt vielleicht am ehesten mit einem Verständnis dafür, woran unserer Geduld bisher die Puste ausgegangen ist. Was vor allem haben wir also bisher nicht »er-dulden« wollen in unserer Geduld? Was wollten wir nicht sehen? Positiv gewendet: Was macht Geduld eigentlich unendlich?

*

Es geht immer noch um das, was wir als »wahr akzeptiert« haben, was also zum Fundament unserer Identität und Integrität gehört in unserem Erleben. Und wenn wir »gründlich« sein wollen, dann kommen wir irgendwann auch am Thema »Schuld« vorbei. Man könnte in dem

Versuch einer bildhaften Beschreibung vielleicht sagen:

Auf dem Grund unseres Seins – soweit wir es als selbstgemachte Identität in ein »Welt-Bild« eingewoben haben – hat sich der Gedanke der Schuld etabliert, um gemeinsam mit der Angst der Aufrechterhaltung unserer »Welt-Konstruktion« zu dienen. Unser »Ich« und seine Integrität sind als dieses Körper-Geist-Konstrukt, das sich gegen »andere Wahrheiten« verteidigen muss, immer von Verletzung und von »nicht wieder gut zu machenden« Schäden bedroht. Der »Gedanke der Schuld« rechtfertigt grundsätzlich Verteidigung und Angriff, um diese irreparablen Schäden abzuwenden. Damit macht dieser zentrale Gedanke, in dem jedes unserer unterschiedlichen, separaten Weltbilder verankert ist, unser jeweiliges »Ich« sozusagen »autonom«. Das aber heißt auch, dass sich das schuldgläubige »Ich« der Möglichkeit einer Öffnung in die unzerstörbare, unschuldige GANZHEIT DER LIEBE verschließt.

Bei unserer Betrachtung des »Austauschs der Spiegel« dessen, was wir als unsere Identität empfinden, hat sich der Begriff »Schuld« sozusagen schon wie von selbst eingeführt: Die Akzeptanz

158

des »Spiegels der Liebe« haben wir in Anlehnung an die Terminologie von »*Ein Kurs in Wundern*« als »Vergebung« bezeichnet. Und jetzt lass uns eine naheliegende Frage stellen: Wie kommen wir eigentlich dazu, unsere Integrität als verletzlich und grundsätzlich irreparabel ansehen zu wollen? Und wieso glauben wir überhaupt an Schuld, die eine »Vergebung« nötig macht – was hat uns aus dem *Paradies der liebenden Wahrheit* vertrieben? Warum sind wir hier, wenn diese *Wahrheit* eine Tatsache ist, die ihren Namen verdient, und eben keine Träumerei?

Dieses »Warum« werden wir nicht klären können. Aber wir können unseren Gedanken, unseren Taten, unserem Verhalten und all dem, was in der Welt geschieht, mühelos ablesen, dass der Gedanke der Schuld offensichtlich nahe des Zentrums jedes unserer Weltbilder zu liegen scheint, so harmlos, freundlich und unschuldig diese auch immer aussehen mögen. Und ich habe das deutliche Gefühl, dass an dieser Stelle die Frage, wo unsere »Geduld« hakt, beantwortet ist. Beim Thema »Schuld« – jedenfalls, wenn sich deren Pfeilspitze irgendwie in unsere Richtung orientiert – vertagen wir gern die Geduld auf später. Einwände?

Das »Warum« der seltsamen Idee einer »Urschuld« ist schon deshalb unergründlich, weil es letztlich nur von der *Wahrheit* beantwortet werden kann. In *Ihr* ist die Frage des »Warum« mit ihrer Antwort *eins*: Im Urgrund, in der *Quelle* unseres Seins ist Schuld undenkbar. Statt fruchtlos nach dem »Warum« des Gedankens der Schuld zu fragen, bietet sich uns also wunderbarerweise die Möglichkeit, ihn als einen Irrtum in unserem Geist zu heilen. Die »Methode« des Heilens ist dabei das Anwenden von »Vergebung«: Der Austausch der Spiegel unserer Wahrnehmung gelingt uns, wenn wir lernen, die Schuld in immer mehr Situationen und nach und nach in jedem Gedanken, in dem sie irgendwie eine Rolle zu spielen scheint, in der Erinnerung an die *ewige Anwesenheit der Liebe* im wahrsten Sinne des Wortes zu übersehen. Wir werden gleich in der Übung miteinander erfahren, was das ganz praktisch bedeutet.

*

160

Wo also ist er, der »Stachel des Schmerzes«? Die Frage hat sich eben schon beantwortet: Indem wir diesen Stachel, dessen Spitze der Gedanke der Schuld ist, durch die Sicht der Vergebung »leugnen«, also zulassen, dass ihm seine »Wahrheit« abgesprochen wird, zieht die *Liebe selbst* ihn aus unserem Glauben an seine Wirklichkeit. Jetzt liegt die Wunde unserer nur scheinbaren Getrenntheit von der *Liebe* frei und ist ihrer Heilung zugänglich. Damit entfällt jede Frage nach dem »Wo« und »Warum«. Wir haben den Spiegel unserer Sicht austauschen können, eben **weil** wir aufgehört haben zu fragen und stattdessen die *Hand* genommen haben, die sich uns zur *Hilfe* angeboten hat. Wir haben das Wunder gewählt, statt auf unserem Schmerz zu bestehen. Spürst du, wie hinter unserem reflexhaften »Er muss wieder weg!« eine echte Alternative auftaucht?

*

Bei Licht betrachtet sind wir in unserem alten Denken ständig damit beschäftigt, die Bedingungen dafür herzustellen und jeden Preis dafür zu bezahlen, dass die LIEBE als das »heile Leben« bei uns bleibt. Krankheit und Schmerz sind kaum zu widerlegende Zeugen der Notwendigkeit dieser

161

Bemühung. Die einzige Bedingung aber, die von der LIEBE selbst gestellt wird, ist die, Sie nicht in unsere Bedingungen gefangenzuhalten, damit ihre ewige Anwesenheit und unser Heilsein in ihr für uns »offensichtlich« werden können.

Und wieder sind wir mit einem solchen Satz in der Versuchung, einer bloßen Behauptung den Rang einer Tatsache zuzusprechen, auch wenn unsere Ahnung von der Heilbarkeit des Schmerzes vielleicht schon sehr viel konkreter geworden – schon »zur Wirkung gekommen« ist. Die »Offensichtlichkeit« des Heilseins vom Schmerz bleibt dennoch etwas, das sich erst in der wachsenden Bereitschaft erfüllt, dieses *Heilsein* als Wunder zu empfangen. Da liegt der Hase im Pfeffer und ist der Hund begraben. Wie man so sagt, wenn man seine Zweifel mit tradierten Sprüchen abstützen will.

Was also allein funktionieren wird, ist das behutsame Nähren unserer Bereitschaft, das Wunder der *heilenden Liebe* zuzulassen. Und damit erschließen wir uns zunehmend die alternative *Quelle* unserer »Überzeugung«. Wir erfahren ihre *Kraft* aus unserer wachsenden Unabhängigkeit von »Beweisen« und aus den

»sofortigen Wirkungen« unserer Geduld. Diese wird schließlich »unendlich«, wenn wir der Anwendung der »Vergebung« die permanente Vorfahrt einräumen vor unserem Bestehen auf Schmerz, Angst und Schuld, und den »anderen Spiegel« unserer Wahrnehmung dankbar und ohne Fragen nach dem »Warum« anzunehmen bereit sind.

*

Das führt uns ganz von selbst wieder ... zum Knie, das immer noch schmerzt!

Wir können den »wunden Punkt« unserer gewohnten Weltsicht, der sich in der Realität unseres Erlebens vieltausendfache Bühnen sucht, um im Kreis unseres gewohnten Denkens »ab-handelbar« zu bleiben, mit unserem Begreifen und auch mit keinem Schmerzmittel der Welt erreichen. Aber wir können ihn gemeinsam und in *Ihrer Anwesenheit* »berühren«, wann immer wir dazu bereit sind. Alle wahre Heilung kommt aus dieser *Berührung,* das ist, was ich glaube und bezeuge, und was ich hier vermitteln und mit dir erfahren will.

*

»*Ein Kurs in Wundern*« sagt oft genug, dass wir den Weg der Rückkehr in die *Wahrheit der Liebe* ohne Bestätigung hier in der konkret erlebten Welt schnell wieder verlieren würden. Und wer von uns Reisenden könnte nicht als Zeuge auftreten für die Richtigkeit dieser Aussage?

Wir wollen also nach so vielen Gedanken über die Notwendigkeit der Geduld jetzt auf den Segen der Wirkungen vertrauen. Und das heißt vor allem, einander Willkommen zu heißen als *Brüder im Geist,* egal, wie der Schmerz aussieht, den der Einzelne mitbringt. Es soll der Frage nicht ausgewichen werden, was nun sei mit dem weiterhin schmerzenden Knie, dem kneifenden Rücken, der brennenden Wunde, der arthrosegeplagten Hüfte, der nicht mehr auszuhaltenden Nierenkolik, dem Geburtsschmerz, dem schädelsprengenden Cluster-Kopfschmerz, den Schmerzen, die eine Krebserkrankung mit sich bringen kann, den Schmerzen der Gequälten und Gefolterten, aber auch dem Abschiedsschmerz, dem Schmerz des Verlustes eines lieben Menschen, dem Schmerz der Ohnmacht oder des bohrenden Schuldgefühls: Vielleicht ist ja für uns jetzt akzeptabel geworden, dass all diese Schmerzformen in der Tiefe zumindest auch eine auf dem Trennungsgedanken und damit auf einem Irrtum beruhende scheinbar verletzliche Identität bezeugen **sollen** und dass sie dabei nur an der Oberfläche »weggewünscht« und nicht wirklich in Gänze losgelassen werden können. Dennoch wird dir höchstwahrscheinlich genauso wie mir die Frage geblieben sein: Was hilft uns das alles, wenn der konkrete Schmerz immer noch da ist und uns bedroht – mal mehr, mal weniger? Wie wird aus unserem »Heilungswunsch«, der die Tiefe unseres Schmerzes nicht erreicht, endlich und endgültig ein »Heilungswille«, der den Schmerz tatsächlich und nachhaltig entlässt, um ihn nicht als integralen Bestandteil des eigenen Weltbildes behalten zu müssen? – Haben wir das nicht schon beantwortet?

Erinnerst du dich an die Kursworte ganz zu Anfang? »Viele Male« werden wir wiederholen müssen, dass *im Spiegel der Liebe* Schmerz unmöglich ist, bis wir es als wahr erkennen. Würdigen wir unsere immer wiederkehrenden Fragen und Zweifel als die Wegweiser zu den heilenden Erfahrungen, die uns individuell zugedacht sind, um uns in die Gewissheit zu führen.

Achten wir auch unser »Verstehen« nicht gering, es ist – wie gesagt – immerhin ein »Ins-Auge-Fassen« einer Möglichkeit, die wir zuvor vehement geleugnet hatten: Es gibt eine *Alternative.* Ein sorgfältiges Verstehen kann uns stützend begleiten auf der Reise in die Erfahrung, dass wahr ist, was wir in diesem Verständnis als Konzept, mehr oder weniger hypothetisch, aufgenommen haben. Gedankliches Vorbereiten muss keineswegs nur »graue Theorie« sein, unser Verständnis von einer »wahren Identität« ist immer auch schon von einer Ahnung getragen, dass sie »wahrer« ist als das, wofür wir uns bisher hielten.

*

Was haben wir bisher erreicht? Immerhin haben wir unserem Schmerz eine eindeutig alternative, wahrhaft geistige »Heilmethode« angeboten! Um das geistige Heilen ranken allerdings die Missverständnisse wie der Efeu um den Baumstamm der Vernunft, der oft genug davon die Luft ausgeht. Die wesentliche Erkenntnis beim geistigen Heilen ist die, dass es kein Vorgang ist, bei dem der Geist des einen eine Krankheit des anderen heilt, sondern bei dem ihre *ewige Verbundenheit* den Geist beider heilt. Die »Heilme-

166

thode«, die wir hier gemeinsam entwickeln, besteht in dem immer kontinuierlicher werdenden Nähren unserer Bereitschaft, unseren Geist für die *Allgegenwart der Liebe* zu öffnen. Wir geben dieser Offenheit Nahrung, indem wir *Sie* mit unserem »Hauch des Vertrauens« zu uns einladen und dann in immer mehr alltäglichen Situationen aufrufen und mitnehmen in den nächsten Augenblick. Bis wir sie auch dort bewahren können, wo die Versuchung besonders groß ist, uns wieder in unser altes Denken zu verschließen und die *Liebe* abzuwehren. Schließlich begegnen wir auch Leid und Krankheit in jeder Form als offener, wundereinladender Geist und begegnen jedem Schmerz als dem einen Schmerz der vermeintlichen Trennung von eben jener *Verbundenheit,* deren Unauflöslichkeit unseren Geist geheilt hat. Und hier ist das Ende des Übens, die *Offenheit selbst* kennt keine »Methode«, sie ist die schlichte, widerstandslose Empfänglichkeit für das, was im *Licht der Liebe wahr ist.*

Immer wieder wird die Selbstermunterung nötig sein, nicht stehenzubleiben bei der »schönen Aussicht«, die uns bereits die Ahnung des *Einsseins im Geist* bringt, und uns nicht mit einer rund gewordenen metaphysischen Denkstruktur zufriedenzugeben. Bestehen wir darauf: Die Erfahrung muss her, oder besser gesagt, die Überzeugung von der Tragfähigkeit einer neuen, »wahren« Identität, die aus den Lektionen der Wunder ihre Stärke erfährt. Viele unserer alten Erfahrungen haben unsere »Ahnung«, wenn überhaupt erlaubt, dann zumindest klein gehalten und ihre Berechtigung in Zweifel gezogen. Die *Überzeugungskraft der Liebe* soll jetzt in uns verlässlich »zur Wirkung kommen«, bis unsere *wahre Identität* zur Gewissheit wird, die auf unsere altes, verletzliches »Ich« schaut wie in ein Fotoalbum mit Bildern einer vergangenen Zeit. Keine Theorie wird das leisten, keine noch so schönen Worte. Dahin müssen wir auf eigenen Füßen wandern, jeder für sich auf seinem individuellen Weg und doch zutiefst gemeinsam mit allen Geschwistern im Geist und also endlich: *mit Gott* und nicht weiter allein und verloren in dem wahnwitzigen Versuch, *Seine ewige Anwesenheit* zu leugnen! Die Erkenntnis, dass ein Ersatz für *Gott* nicht möglich ist, weil *Seine,* weil der *Liebe* Antwort auf uns ein ewig schattenloses »Ja« ist, an dem sich jede Möglichkeit *ihrer* Abwesenheit und Ersetzbarkeit als bloßer Irrtum reflektiert, wird uns zuletzt – und das heißt *jetzt* – überzeugen.

Kapitel 4

Der Autor des Leids entlässt den Schmerz

Also lass uns praktisch werden.

Unsere Bereitschaft, anzuerkennen, dass die Ursache unseres Schmerzes unser eigenes Festhalten an ihm ist, wird sicherlich zunächst eher zaghaft sein und in ihrer Entschlusskraft erheblichen Schwankungen unterliegen. Deswegen schlage ich vor, den praktischen Teil mit einer erneuten Erinnerung an die Notwendigkeit, unsere Geduld mit uns selbst unendlich sein zu lassen, zu beginnen. In dieser Erinnerung ist die Bitte um die sofortigen Wirkungen enthalten, die die Einladung der *Hilfe* des *geeinten Geistes* sicher mit sich bringen wird:

Mit der Farbe der Dunkelheit habe ich in DEIN
LICHT *geschrieben,*

ohne es zu wissen.

Bis der Schmerz kam, mich zu lehren,

Wer der Autor des Leids ist.

Und mit dem Schmerz kamst DU, *und schriebst
mit* DEINEM LICHT

In meine Dunkelheit:

»Sei still,

Und athme wieder mit mir

LIEBE«

*

»Der Schmerz muss wieder weg!«, das steht noch
im Raum und jetzt sind wir gefragt, in eben
diesen Raum die *Alternative* einzulassen. Willigen wir gemeinsam ein, uns von der *Liebe* zeigen
zu lassen, dass wir uns geirrt haben. Der Schmerz
darf bleiben, damit wir an ihm sehen lernen. Das
ist die einzige Bedeutung, die er hat. Und an
unserem neuen Hinschauen wird er als ein
Gedanke vergehen, des niemals wahr geworden
ist.

171

Dem Schmerz heilsam begegnen

Wir haben ja bereits vorhin schon unseren aktuellen »Schmerzpunkt« aufgesucht und ihn gefunden, irgend eine Stelle unserer Wahrnehmung von dem, was wir sind, die uns derzeit zu peinigen scheint, ob körperlich oder seelisch. Wenn dein Schmerzpunkt körperlich ist und du ihn gut erreichen kannst, dann lege doch jetzt ruhig einmal deine Hand auf ihn – vielleicht ist es ja wirklich das Knie, oder du hast Nacken- oder Kopfschmerzen. Wenn dein Schmerzareal nicht bequem von deiner Hand erreichbar ist, oder wenn es emotionaler Natur ist, dann lass uns symbolisch »Hand« sagen für eine sanfte Berührung, mit der du jetzt deinem Schmerz begegnest.

Lassen wir diese »Hand«, diese Berührung aufmerksam sein, wie zuhörend, in gewisser Weise leer, ohne mitgebrachten Plan, wie unser Schmerz zu »handhaben« sei. Lass uns an diesem Ort der Begegnung vergessen, dass der Schmerz »weg« muss und ihm in wohlwollender Würdigung seines unbestreitbar erlebten »Daseins« unsere »Hand auflegen« – als Symbol unseres offenen, zuhörenden Geistes.

Laden wir jetzt erneut den *geeinten Geist* in den Zeit-Raum ein, den wir miteinander verbringen, und bitten *Ihn,* mit uns auf den Ort der Begegnung zwischen unserer einwilligenden »Hand« und unserem Schmerz zu schauen.

Erspüre, erhöre diese Berührung. Da scheint ein Heilungswille auf der einen Seite und ein Schmerz, der vehement auf sich beharrt, auf der anderen Seite zu sein. Erinnere dich an *Den,* der mit dir hinschaut. Ist *Er* nicht auf beiden Seiten, ist *Er* nicht genauso im Schmerz wie in der berührenden Hand? Wer berührt wen? Ist da wirklich ein »Gegenwille«, der die Heilung nicht will? Ist nicht *Er,* ist nicht *Sie,* die *Liebe,* auf beiden Seiten der *eine Wille*?

Gestehen wir uns die »Beweiskraft« des empfundenen Schmerzes ein, die unser mitgebrachtes Denken ihm zugesteht. Da scheint tatsächlich etwas zu sein, was sich »gegen uns« richtet und das wir »aus eigener Kraft« nicht korrigieren können.

*

Lassen wir jetzt unsere berührende Hand ein Ort des Gebens und Empfangens einer anderen Über-

zeugung sein, lassen wir durch sie die *Überzeu-*
gungskraft der Liebe wirken.

*

Berühre deinen Schmerz mit *Ihrer Vollständigkeit*
und *Unveränderlichkeit,* die dich in ewig lücken-
loser Integrität bewahrt.

Kannst du spüren, wie dein Wille *eins* wird mit
Seinem, mit *Ihrem,* wie du zumindest in Betracht
ziehst, das »Gegen« aufzugeben zugunsten einer
ganz natürlichen Wahrnehmung, dass nur *ein*
Wille existiert?

Lass nicht zu, dass deine »Hand« wieder ihren
alten Plan aufnimmt von der rechten »Behandlung« deines Schmerzes. Lass sie ruhig bleiben im
Vertrauen, dass sich durch sie gerade etwas Liebevolles, Versöhnendes, Heilendes vermittelt. Lass
sie *Ihm* dienen, dem *geeinten Geist,* der aus dem
Willen der Quelle all unseres Denkens über uns
kommt.

Nimm wahr, dass dieser *geeinte Wille* nur heilen
wollen **kann**, was scheinbar verschiedenen Willens ist, was im Konflikt ist, was schmerzt. Nimm
seine Sanftheit wahr, seine Unaufgeregtheit, seine

Milde, seine Wehrlosigkeit, seine natürliche Gewissheit.

Frag nicht, wie Heilung deines Schmerzes »geht«. Vertraue, dass es dir gezeigt werden wird und dass es sich dir gerade jetzt in Vollkommenheit zeigt und sich in dir vollzieht.

*

Schau nun einen Moment lang zu mir, der ich mich »meinem« speziellen Schmerz zugewendet habe, der ein anderer zu sein scheint als deiner. Lass uns für diesen einen Moment unsere »Hände« übereinanderlegen und sie als die *eine selbe Berührung* erfahren. Geben wir jetzt einander, was wir nie glaubten, zu haben: Geben wir dem Schmerz des anderen und damit unserem eigenen die Freiheit von all unseren Gedanken um die Schuld – er darf bleiben, nur um diesen Segen zu empfangen ... und daran vergehen.

*

Schmerz, du schuldest mir nichts.

Öffnen wir uns für ein direktes Erleben, dass diese »Berührung« unserer »Hände« nichts anderes ist als *Vergebung*.

Spüren wir vorbei an allen Gedanken um das, was »Vergebung« in unserer Vorstellung ist, jenseits aller Worte – spüren wir *ihre Berührung* als die *segnende Berührung des Bruders, der eins mit mir ist.*

*

Wir lassen jetzt unseren Schmerz, der aus unserem Glauben an unser Getrenntsein kam, geheilt sein. In der Erinnerung an unsere gemeinsame *Quelle* ist er vergangen.

Fühlst du wie ich dieses sanfte Lächeln zwischen uns? Wir sind an dem Ort, an dem wahre Begegnung stattfindet: im Heilsein von aller Angst und allem Schmerz. Es ist *Sein* Lächeln, *der* uns als seine Geschwister und als das *wahre Selbst* begrüßt, das wir *mit Ihm*, das wir *mit Ihr* sind.

Lass und noch einen Moment lang still sein in der Verbundenheit aller *Geschwister im Geist,* die in die *Wahrheit* heimkehren.

**

> *Ich bin für immer eine Wirkung Gottes.*[23]

Du und ich, wir sind in alle Ewigkeit eine Wirkung der *Liebe.*

Darin ist der eine heilende Wille als einziger *Wille* akzeptiert und jeder Schmerz unmöglich. Wir haben gedacht, wie seien die Wirkungen unseres eigensinnigen, separaten Willens, von der allumfassenden *Liebe* getrennt, und lebten mit dem Schuldgedanken als Anker in einem Meer aus Angst. Wir haben festgehalten an der Schuld und den Schmerz als Zahlungsmittel anerkannt. Wir haben uns über ihn beklagt, ihn behandelt und ihn so gut es ging besiegt. Aber wir haben die *Liebe* von ihm ferngehalten, auf dass er uns zur Verfügung stehe wie unser schuldentilgendes Geld auf dem Konto. Und jetzt sehen wir die *Alternative.* Nach *Ihrem Willen* ist Schmerz unmöglich und Schuld war nur eine blasse Idee, welche die Trennung von der *Liebe* nie hat wahr machen können.

*

---

[23] *Kurs 2019, Übungsbuch, Lektion 326*

Eine wichtige Übung im Zusammenhang mit geistigen Heilungsbemühungen ist immer das »Wie« der Begegnung mit den »Gegenargumenten«, den »Beweisen« der Wirkungslosigkeit heilsamer Berührung. Überleg mal: Hast du das, was wir gerade miteinander einmal ausführlich angewendet haben, in deinem Leben nicht schon hunderttausend Mal durchprobiert? Geht die Hand nicht reflektorisch an eine schmerzende Stelle, und hast du mit anderen nicht auch schon versucht, ihnen in ihren Schmerzen einfach durch dein liebevolles, empathisches Dabeisein Linderung zu verschaffen? Du bist dabei sicher nicht zu dem Ergebnis gekommen, dass das alles nicht helfe. Aber schlussendlich: Wie weit hat es getragen in deinem Urteil? Haben deine sanften, liebevollen, mitfühlenden Gedanken wirklich Heilung gebracht? Konntest du jedem Schmerz unterschiedslos so begegnen? Kamen sie nicht immer wieder, die Schmerzen, in dieser oder jener Form, bei dir oder bei anderen? Und hast du nicht am Ende gesagt: Liebe ist schon gut, aber sie heilt nicht vollkommen, sie reicht nicht aus, sie hat ihre Grenzen?

Zu viele Beweise hat unsere Welt aufgefahren, um genau das zu bestätigen. Die *Liebe* hat ihre Grenzen. Und erst beim Hinterfragen dieser scheinbaren »Tatsache« fängt geistiges Heilen an.

Was also, wenn dein Schmerz nicht vergangen ist nach unserer gemeinsamen Übung? Was, wenn er sich scheinbar sogar verschlimmert hat?

Unendliche Geduld kennt kein Ende, keinen Gegenbeweis.

Wir haben uns in einem heiligen Moment an die Unmöglichkeit des Schmerzes erinnert, das ist, was zählt und was für uns in der Ewigkeit aufbewahrt wird. Wenn unser spezieller Schmerz mit dieser Erinnerung mitgegangen und damit vergangen ist, dann ist es gut. Wenn er geblieben ist oder wiederkommt, dann ist es das, was wir noch brauchen, um zu lernen, dass er von jeder Form unabhängig immer der eine Schmerz ist: unser Irrtum der Getrenntheit, unser Festhalten am Schuldgedanken und unser Wahn, von der *Liebe* verlassen, vom *geeinten Geist* abgetrennt zu sein.

*

> *Jetzt musst du lernen, dass nur*
> *unendliche Geduld sofortige Ergeb-*
> *nisse zeitigt.*[24]

Siehst du diesen Satz jetzt im *Licht der Wahrheit?*

Und hat sich etwas verändert in dir, wenn du unseren »merkwürdigen« Kurssatz vom Anfang jetzt noch einmal liest?

> *Wunder zeugen für die WAHRHEIT.*
> *Sie sind überzeugend, weil sie aus*
> *Überzeugung entstehen.*[25]

Die Überzeugtheit der *Liebe selbst* braucht keinen Beweis. Dieser *Gewissheit,* in der Heilung unausweichlich ist, schließen wir uns *jetzt* an.

*

---

[24] *Kurs 2019, Textbuch, Kapitel 5, Abschnitt VI,*
   Absatz 12
[25] *Ebenda, Textbuch, Kapitel 1, Abschnitt I,*
   Absatz 14

Es tut immer noch weh!

Aber die LIEBE macht alles IHR gleich,

Und alle Tränen werden abgewischt sein,

Und alles Missverstehen wird ein Ende haben:

Schmerz ist unmöglich.

*

Lass uns zum Abschluss mithilfe des jetzt hoffentlich ein wenig lichtdurchlässiger gewordenen Begriffs »Überzeugung« versuchen, unseren Blick zu weiten, wenn wir noch einmal auf die Geschichte von Anja und Jens schauen, die sich scheinbar zufällig just in dem Moment begegnen, als Jens mit ansehen muss, wie seine Wohnung abbrennt.

Wie geht es Jens inzwischen? Er schläft wohl immer noch, und seine Träume werden ihm die Ereignisse des Tages spiegeln, an dem seine Wohnung abgebrannt und er Anja begegnet ist. Sie werden ihm Geschichten erzählen, so, wie meine träumende Phantasie ihn selbst ja auch als Figur einer Geschichte erfunden hat. »Ihn selbst« erfunden? Stimmt das? Kann ich »jemanden« erfinden? Die Geschichte ja, auch die »Figur Jens«. Aber »ihn«? Ein winziges Fenster zumindest bleibt in jedem Traum, so dunkel er auch sein mag, und bleibt in jeder »erfundenen Geschichte« offen für die *Wahrheit:* »Ich«, der ich eine Geschichte erfinde, »du«, die du sie liest, »er«, der darin vor seiner brennenden Wohnung steht und jetzt in Träume versunken ist: Das sind *wir:* der »*eine Sohn*« der *Liebe,* die »*eine Toch-ter*« Gottes.

Können wir also in Betracht ziehen, dass Anja all ihre Impulse, ihre Fragen, ihre Antworten und Handlungen aus eben dieser *Überzeugung* kommen lässt, als sie sich Jens zuwendet? Anja segnet die Situation einfach mit ihrer Anwesenheit. Vermutlich aus eigenen Erfahrungen mit Krankheit, Verlust und Schmerz gibt sie nur weiter, was ihr diese Erfahrungen eingebracht haben: einen offenen Geist, der die *Allgegenwart der Liebe* nicht mehr abwehrt. Auch sie hält wie wir vorhin ihre »Hand« über die Situation, über Jens und über den Schmerz des Verlustes und der Schuld. Und es ist ihre physische Hand, die aus den verbrannten Trümmern ein angekokeltes Stück Papier zieht, auf dem Jens vor Jahren ein Gedicht geschrieben hat, als er aufgewühlt von der Beerdigung einer Freundin kommt und so etwas wie den »Hauch des Vertrauens« empfindet. Für einen Moment gibt er dem *Willen des geeinten Geistes* nach, der sich als *Licht der Liebe* in die scheinbare Dunkelheit eines von Endgültigkeit sprechenden Abschieds einschreibt:

Phönix aus der Asche

Hört' ich ein leises Rauschen,

Als teilte sanfter Flügelschlag die Luft,

Auf dass ich wahrhaft sehen möge,

Was nieder mir zu sinken schien in dunkle Gruft.

Und löste meine Augen

Von diesem Freude-Trauer-Wechselland,

Dein Haus, darauf gebaut gleich meinem,

Von Hoffnung sorgsam wohl umzäunt, war's doch
verbrannt.

Gab all mein banges Halten,

Mein Sehnen, Wünschen, Wollen gab ich hin,

Und sah, sah durch den Fächer Deiner Schwingen,

Dass Du mir immer nah, und ich Dir ewig bin.

Nachklang

Widerstand ist zwecklos

»Der Schmerz soll verschwinden«, vielleicht kann man sagen, dass dieser verständliche Impuls, der uns treibt, wenn Schmerzen in unserem Leben auftauchen, in zweierlei Hinsicht der gemeinsame Nenner von Gregors und meinen Betrachtungen ist: Zum einen ist er für uns die Basis der Solidarität – wir gehen beide davon aus, dass der Impuls von uns allen als »natürlich« empfunden wird, dass wir also Schmerzen wieder lossein wollen. Dann aber sehen wir ebenfalls beide auch einen Wert darin, diesen Reflex, diese »Selbtverständlichkeit« einmal in Frage zu stellen. Was ist, wenn wir den Schmerz bleiben lassen, »da sein« lassen? Was ist, wenn wir den Widerstand aufgeben gegen etwas, das doch im Augenblick ganz offensichtlich Teil dessen ist, was als unsere »Gegenwart« schmerzhafte Realität ist?

Unser aller Einwand dabei ist klar: Ich leugne den Schmerz ja nicht als Teil meiner Realität. Er drängt sich ja ganz von selbst auf. Aber die Zukunft soll frei von ihm sein, er soll verschwinden!

Und darin sind Gregor und ich uns dann doch wieder – trotz diesmal wirklich grundverschiedener Ansätze – begegnet: Das »Er soll!« ist der leicht zu übersehende Punkt unserer Beurteilung der Situation, der ein Niederlegen unseres Widerstandes sinnvoll werden lässt. Das »Er soll« gibt all unseren Gedanken und Bemühungen um die Beeinflussung unserer Schmerzen reflexhaft die Richtung. Wir wollen ihn aus unserer Gegenwart verbannen, er soll also zukünftig nicht mehr »gegenwärtig« sein. Und so sinnvoll das auf den ersten Blick auch aussehen mag: Genau damit verlegen wir uns den Zugang zu einer Heilquelle, die aus der Akzeptanz dessen kommt, »was ist«. Gregors Herleitungen und die Übungen, den Widerstand aufzugeben bzw. die Schönheit in dem zu sehen, was ist, auch wenn es an der Oberfläche wie Chaos oder Schmerz aussehen mag, und meine Überlegungen und die Übung zur »Vergebung«, haben dies gemeinsam: Geben wir dem Leben als Ganzem eine Chance, ein Wörtchen mitzureden, wenn es um unser Heilsein, unsere Ganzheit, unsere Integrität und unsere prinzipielle Unverletzlichkeit geht. Geben wir der jeweiligen Gegenwart unserer individuellen Realität die Gelegenheit, sich mit der Quelle alles Gegenwärtigen zu verbinden.

Wir danken dir, lieber Leser, für dein Mitgehen zu diesem »kleinsten gemeinsamen Nenner« unserer Zuversicht, dass wir, wie unterschiedlich unsere Zugangswege auch sein mögen, diese Quelle unseres Daseins nicht verfehlen können. Aus ihr kommt jeder Weg und bleibt in ihr bedeutsam. Schon deshalb konnten Gregor und ich uns auch diesmal nicht verpassen. Und dafür und für dein Dabeisein noch einmal unseren herzlichen Dank!

Lass von dir hören,

Gregor und Michael

Literaturverzeichnis

[Kurs 2019] Ein Kurs in Wundern: Textbuch, Übungsbuch, Handbuch für Lehrer, 14. Aufl., Freiburg, Br.: Greuthof, 2019

[IASP] International Association for the Study of Pain, 1510 H Street NW, Suite 600, Washington, DC 20005-1020 USA, https://www.iasp-pain.org (abgerufen am 11.10.2021)

[Biokinematik nach Walter Packi], Biokinematik GmbH, Herbert-Hellmann-Allee 29-31, D-79189 Bad Krozingen, http://biokinematik.com/biokinematik/prinzip/ (abgerufen am 26.10.2021)

[Actualism] The Actual Freedom Trust Homepage, http://actualfreedom.com.au (abgerufen: 09.01.2022)

[Lutherbibel 2017] Die Bibel nach der Übersetzung Martin Luthers, revidierte Fassung, Stuttgart 2017

[Riedl 1987] Rupert Riedl: »Kultur: Spätzündung der Evolution?«, München: Piper
1987

Die Praxis

Im Netz

http://spirituelles-willkommen.de

Die Internetseite zu der Reihe »Ein spirituelles Willkommen«, mit Leseproben, Newslettern und Kontakt zu den Autoren.

https://spirituelles-willkommen.de/unsere-bue-cher/und-wohin-mit-dem-schmerz/ressourcen/

Vorschläge für Bilder und Videos zur Actualism-Übung aus Teil I, Kapitel 2.

http://soundcloud.com/spirituelles-willkommen

Ausgesuchte Übungen aus unseren Büchern und aus anderen Quellen als Audio-Dateien.

https://bit.ly/spirituelles-willkommen

Der Youtube-Kanal zur Reihe »Ein spirituelles Willkommen« mit Übungen, Playlists und Sessions.

https://t.me/joinchat/E5gVZ4RKSfRkZmY6

Der Telegram Kanal von Gregor und Michael – mit Kommentarmöglichkeit.

Unser Hauptwerk

Gregor Geißmann und Michael Feuser
Ich hab' auf dich gewartet, Bruder
A5 Format, 468 Seiten
BoD – Books on Demand

Gebunden (Fadenbindung) – ISBN 978-3-7526-8677-7
Hardcover (Klebebindung) – ISBN 978-3-7526-6825-4
E-Book – ISBN 978-3-7534-0942-9

Verbindest du mit »Spiritualität« etwas, das einen wirksamen Weg aus individuellen Nöten und Ängsten aufzeigt? Hat sie auch bei unheilbaren Krankheiten wie der »Demenz« eine Bedeutung?

In diesem Buch zeigt dir Gregor Etappen und Phasen des Weges zu dem Ziel auf, dass wir nie verlassen haben. Michael demonstriert, wie sein spiritueller Hintergrund die geistige Ausrichtung bildet, die er in der Konfrontation mit der »Krankheit Demenz« in ihrer heilsamen Anwendbarkeit erlebt.

Die Tatsache, dass sich auch spirituelles Lernen in Phasen vollzieht, trifft in der »Krankheit Demenz« auf das vehemente Infragestellen des Sinns jeder zielgerichteten Bemühung. Genau an diesem Punkt kreuzen sich die Wege von Gregor und Michael, und hier erfahren sie die Versöhnung scheinbarer Widersprüche und die Heilsamkeit von Spiritualität, die den Mut hat, sich dem Alltag auszusetzen.

Der zweite Band der Reihe

Gregor Geißmann und Michael Feuser
Wohin mit der Angst, Bruder?
Format 12 x 19 cm, 306 Seiten
BoD – Books on Demand

Hardcover (Klebebindung) – ISBN 978-3-7543-7300-2
Taschenbuch – ISBN 978-3-7543-5255-7
E-Book – ISBN 978-3-7543-9978-1

Angst ist nicht nur ein meist unangenehmes Gefühl, sondern sie ist die Grundlage des Bewusstseins von uns allen, solange wir glauben, in einer Welt voneinander getrennter Einzelwesen und Dinge zu leben, die letztlich immer Tod und Zerstörung ausgeliefert sind.

Gregor Geißmann und Michael Feuser betrachten die Angst in diesem Buch aus einer spirituellen Perspektive.

Seit über zwanzig Jahren sind sie miteinander unterwegs auf einer »Reise ohne Entfernung«, die in den geschützten, angstfreien Raum des Geistes führt, von wo aus der Blick auf die Welt, auch mit ihren sehr konkreten Ängsten, ein anderer ist: »Heilen ist Integration. Hier, im ›fundamentalen‹ Bewusstsein, beleuchtet die LIEBE die Welt und zeigt sie uns als Ausdruck tätiger Liebe. Und hier ist alle Angst vergangen«.